東方初白

東初老人傳

鄭栗兒——著
蘇力卡——繪

自序

記錄一位美好的時代人物

對二十一世紀學佛者來說，東初老人，這個名字顯得很陌生；但若說是聖嚴法師的師父，應該就無人不曉了。

二〇〇九年二月三日，聖嚴法師離開了我們，留下美好的僧侶身影給世人做為典範，為臺灣與世界佛教振動法鼓，成就美麗的人間淨土。這對一直期許弟子聖嚴成為一個宗教家，而非宗教學者的東初老人來說，應該是繳了一張漂亮的成績單，不負所望了！

當然能夠成為東初老人所付託的傳承者，若非超凡，也必然入聖，才能經得起他老人家一番不合理的折騰，就像藏傳佛教密勒日巴求法時，被上師馬爾巴種種磨鍊考驗一般，聖師再度出家皈依東初老人門下，亦歷經東老「養蜜蜂」似的嚴厲調教，香板下出祖師，聖嚴法師後來的種種成就，他的師父可說是最佳的推手之一。

而這位一生推動太虛大師「人生佛教」理念，向來在佛教界以直言不諱、精明精進聞名的「東大砲」——東初老人，其一生的故事亦是精彩絕倫，可謂二十世紀「理想佛青」之代表。

東初老人出生於清末民初，一生歷經推翻滿清、建立民國的革命；又歷經了民初五四革新運動、八年抗日戰爭、國共內戰，乃至一九四九年逃難到臺灣，他的前半生處於不是戰、就是亂的時代。然則，正是這樣的戰與亂，也造就了他這樣一位特立獨行的佛教人物。

在東初老人的後半生，是以避難來臺，做為分水嶺。我們可以說，近代臺灣佛教的興盛繁榮，特別是將佛教落實人間的理想，是東初老人那一批來臺高僧大德們的澤披與努力，使我們今天得以目睹臺灣繁花滿地的佛教盛景，甚至將這份影響帶回大陸，開啟二十一世紀中國人學佛的熱情與對心靈淨土的嚮往。

然則，四十年過去，從東初老人於一九七七年辭世以來，世界已經翻轉了好幾圈，舊時代已然遙遠，那些日遠的哲人、夙昔的典型於今日混亂的世局中，在在呼喚我們重新去凝視、看見，逐漸消逝的堅持與精神。

那麼，東老的堅持與精神究竟為何呢？

佛教與時俱進的革新，僧伽人才的教育與培養，佛教文化與藝術的推動，乃至以佛教治國的愛國情操，創造一個以佛教改革社會的新時代……，這都是東初老人奉行一生的圭臬。同時，以一個禪師身分而言，他也始終堅持農禪精神，效法百丈清規：「一日不作，一日不食」，自食其力、勤儉惜福的美德。

二〇一五年初，應邀為東初老人編寫傳記時，內心是有些遲疑的，一來驚訝於老人的低調行事，一生為文護國衛教，織寫佛教典籍及三大著作《中印佛教交通史》、《中日佛教交通史》、《中國佛教近代史》等等，還化為各種筆名，在《人生》、《海潮音》、《佛教文化》……各大佛教刊物發表文章，貶抑時事，倡導正信佛教思想，卻少有為自己、為個人留下鴻毛鱗爪的人生閱歷與心路旅程，四十年來關於他老人家一部完整傳記，竟付之闕如；同時，與東初老人同時代的佛教耆老皆已凋零殆盡，連傳承法脈的聖嚴法師也已圓寂，要寫出一部動人的生命故事，傳達其一生力求完美的理想精神，對我來說，是件不容易的事。

某日，我感受到一種迫切感，臺灣和臺灣佛教正面臨一種低迷氛圍，閱讀歷史，你會發現，富強時代裡，佛教總是興盛的，人民富而好禮，懂得開始護持佛教，修身培福，而佛教逐漸式微時，那個社會也慢慢走向衰頹、對立。於是，我拾筆接受這項任務。天最黑時，正是黎明曙光準備出現時，要為人們照亮世界。

為了書寫本書，我於二〇一五年分別走訪東初老人的幾個祖庭：蔣垛觀音庵、常州天寧寺、鎮江焦山；也在二〇一六年三月，順道去上海靜安寺，探尋當年聖嚴法師初見東初老人的所在。從老人離家出家的初旅，一路從江北偏僻落後水鄉，循線而至禪宗偌大叢林，見識那年代佛教名門的氣勢與格局，從此可以想見，當年那位趕經懺的小和尚走向焦山大方丈，心靈的蛻變與成長。

秋天，九月十五日，當我搭上渡輪越過滔滔長江水，朝聖焦山定慧寺時，一抹巨大的龍雲，從天空中指向江心洲嶼的萬佛塔。踏入島上，古剎佛殿以外，典雅樓閣掩映蔥鬱山林，翠竹綠柳倒影湖池，碑林書法記載風雲盛事，整個大氣場，是多少祖師爺們遺留下來的安靜，這就是真正的禪宗叢林，我心想。

從焦山到北投，老人的心又幾番轉折，過盡千帆，生命也就豁朗了，哪還需要多說什麼個己之事，證明風光，生命的起起落落，都無妨的，重要是那份內在的涵養與修持，還有對興盛佛教的行動與使命。站在焦山的那一刻，我有點理解東初老人的心情。

很感謝許多背後默默支持的朋友，一起共同協助本書的完成，期望從這本書開始，讓更多的人能夠認識東初老人，未來能夠有另一本更生動、更深刻的東初老人傳記，本書僅僅是一本記錄，記錄一位美好的時代人物。

鄭栗兒

二〇一六年六月二日

目錄

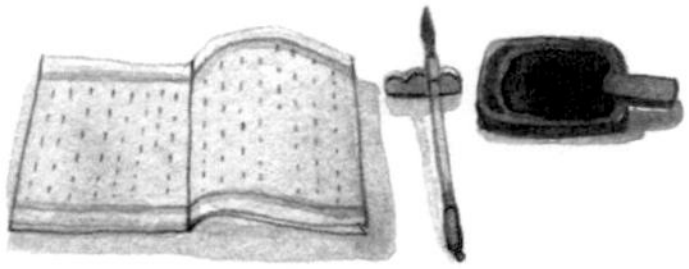

第1章

東方破曉

1 破曉時分

那一晚，要去蔣垜的前一夜，男孩充滿著難言的興奮，醒來，東方初白。

黎明乍現，旭日在一片杉林之間升起。陽光穿過窗櫺落在床上，男孩被金色的光灑滿全身，燦亮亮，他感到一股向上的活力。

這一天，男孩即將踏上出家的道途，儘管前程未卜，但能出家學習佛法讀書這件事，令人滿心雀躍。他的三兄早在幾年前，已經踏上這條出離塵世的道路，他覺得自己很幸運，可以跟隨兄長的腳步前進。

收理好行囊，他跟著大人從江蘇省曲塘鎮（現隸屬南通海安）出發，準備前往鄰近的姜堰蔣垜的觀音庵。花海搖曳，隨風舞動，一垛垛的油菜花田正值

開花的時候，他的衣衫也被風吹得沙沙作響。

這一帶是蘇中平原的田園農村，地形坦蕩，河道稠密，水鄉澤國的景象，與大片的綠色麥田、黃色油菜花田交織成風光，筆直通天的水杉杉林矗立在黃土路上。十三歲的孩子一邊走，一邊回首驀然遠逝的家，向他的過去正式道別了。

這是一九二〇年發生在江北小鎮的一幕，這個孩子就是爾後帶著「中國佛教會」招牌來臺，在臺灣創辦影響一時的《人生》雜誌，並興建中華佛教文化館，推動僧伽教育與佛教文化的東初老人。

特別的時代，總孕育出特別的人物。

一九〇七年（清光緒三十三年），清朝苟延殘喘的最後時光，光緒即將退位，接下來宣統繼位不久的一九一一年，就是國父孫中山先生推翻滿清帝制，建立民國的劃時代大革命。

舊時代即將過去，新時代即將來臨，革命的氛圍既濃且烈，包括佛教界亦然——二十歲的太虛大師正沸騰一股革命思想，他與圓瑛、棲雲等熱血僧侶，一起襄贊寄禪老和尚所主辦的寧波僧教育會，其一生所致力的佛教運動，自此開始。

受太虛大師的教導與影響，接續其僧伽教育與佛教改革理想的東初，則在一九〇七年秋天農曆九月二十二日，日正當中的午時，於江蘇省泰縣的曲塘鎮出生了，是四兄弟中最小的一位，父親范春槐，母親唐淨觀。

東初老人從小即展現聰穎過人、沉靜端雅的穩重特質，和他最接近的三兄雲開，先他一步出家，依止法融禪師。一九二〇年，十三歲的東初在同縣附近姜堰市蔣垛鎮西姜家莊的觀音庵，依止法融禪師的兄長靜禪老和尚出家，法號皓明，法名仁曙，字東初。

奇妙的緣分讓東初與雲開兩兄弟，分別跟隨同為兄弟的靜禪與法融剃度出家，後來雲開成為泰縣名剎北山寺方丈，而東初也成為近代臺灣佛教興盛的重要影響人物之一。

觀音庵住持靜禪老和尚，為江蘇省泰州古溪人，法名能悟，靜禪是他的字，以字行世，屬禪宗臨濟法脈。東初來觀音庵出家，有一段特別的緣起。民

國初年，西姜家莊一名惡霸姜子嬰，以借廟產興學為藉口，強占觀音庵廟產不放，靜禪老和尚只好求助姜渭源和姜瑞鐸兩位鄉紳的協助，狀告姜子嬰，通過法律途徑收回廟產。爾後不但重新修繕整個觀音庵，為紀念收回廟產的勝利，更收了兩名弟子，期盼他們往後能為觀音庵發揚光大，不再受人欺負，大弟子法號復明，可惜早逝，二弟子即是東初，果然不負靜禪老和尚期望，成為當代佛教龍象。

觀音庵坐落於遼闊的田垛之間，一畦畦麥田與油菜花田輪番於不同季節展現綠與黃的顏色。靜禪老和尚的生活非常節儉，管教弟子十分嚴格，常要求弟子知福惜福，如若有半點浪費糧食，動輒就被大聲呵責：「不想過生活了！」小庵不大，僅有田地數十畝，雖然大部分都租給當地人耕種，收取微薄租金，靜禪老和尚仍得率領弟子耕種些高粱、蔬菜等作物，才能自食其力。而寺院最主要的經濟來源，還是得靠經懺佛事維持生活。東初剛去觀音庵幾年間，雖念經拜佛，但無暇多涉獵佛理，必須跟著師父四處奔波趕經懺。

經懺佛事，是中國佛教的特色，原本是祖師大德們將佛陀的教化編為唱誦儀軌，以提昇宗教情操，讓佛弟子們銘記於心，進而安定、淨化身心。但明末以降，乃至民初，演變為富貴人家炫耀喪儀的排場。僧人們不求修行，日日趕赴富貴人家，誦經趕懺，不捨晝夜，成為佛教給人的錯解。修行人，原不離經懺，可終日忙於趕經懺，顛倒了修行。所以，太虛大師對此佛教歪風曾嚴厲批評：「佛教在今日，其衰落斯極矣！」認為懺焰流：「裨販佛法，效同俳優，貪圖利養者也。」

當然，趕經懺確實是當時出家人的主要謀生方式。通常規模大的寺院，擁有眾多田畝寺產，可靠收租維持開銷，但若小寺、小庵，則難免淪落為喪家亡者誦經超度的趕經懺生涯。

少年東初對此體會甚深，每日奔走鄉里趕經懺的日子，卻非他出家的初衷願望。久而久之，辛勞之外，更令他深感無意義。

東初的血液裡，本就流淌著濃烈的理想主義色彩，舊社會的迂腐顢頇，更加深他求新求變的心願。

在東初出家的前一年，一九一九年，中國發生了一場浩大的改革運動，由胡適、陳獨秀、魯迅等受過西方教育的青年，在五月四日發起震撼全國的新文化運動，標舉「反傳統、反儒教、反文言」的思想文化革新，從學生運動擴展到愛國運動，五四運動的影響力一發不可收拾，隨即蔓延整個中國，影響著當時許多急於改變現狀的時代熱血青年。

西方文明的強大在這時期震撼了中國社會，因而形成了一股反傳統，打倒迷信的反宗教潮流，而佛教給人不問世事、不事生產、守舊迷信的落後形象，與古老的孔孟思想同為被批判打倒的對象。

當時，佛教改革運動也順勢延燒起來，為矯正鬼神化與山林化的佛教態勢，太虛大師遂大力倡導「人生佛教」及「人間淨土」，因為釋迦尊者是以人的方式，出現在人間，並以人身而覺悟成佛，所以修行在人間，以佛教圓滿人生，才是佛教的真義。

這股改革的氛圍，已然成為時代的共鳴，東初當時雖然還是個孩子，還不明白日後他所闡揚的「人生佛教」❶究竟為何，卻也嗅聞到時代的浪潮。東初不怕吃苦、堅持到底的強悍毅力，支持他不斷地前進，他渴望著新時代的改變，成為一個實踐佛教理念的理想僧侶，而非只是盲目趕經懺的貪圖利養者。

一日，他隨師父自喪家做完經懺歸來，推開庵門的一盞燭火照亮他疲累的身軀，一燈能破千年闇，一智能滅萬年愚，這帶給東初一個反思，也更堅定他的一個想法：「我要去佛學院念書！」唯有讀書才能擁有真正的智慧，進而改變命運，改變佛教。

一九二八年秋天，得知鎮江竹林寺靄亭法師開辦佛學院，二十一歲的東初遂前往就讀，親近靄亭、南亭兩位法師，進一步紮實自己佛學實力，他像一隻逐漸茁壯自己的蒼鷹，要飛向自己的天空。

竹林佛學院的創辦，源於當時三十五歲的靄亭法師，有感學風未能普遍，受過教育的人並未受到重視、反遭注視的委屈，秉持能啟迪民眾知識的理想，親自培植僧才，提倡僧學。

竹林佛學院是東初與鎮江結緣的開始，這座位於長江南岸春秋吳國領域的古老城市，擁有三座史上著稱的叢林名剎：金山寺、焦山寺、北固山寺，俗稱「鎮江三山」。

東初與雪煩等其他共三十名學僧，一同專心研習《華嚴》、《毘尼》，禪教雙修。

靄亭法師主持院務為主，主講法師則為妙闊、慈舟、粟庵，還有常往來滬、常、鎮、錫各寺，宣講《華嚴》、《維摩》等經的南亭法師也來授課了。這其實是不容易的事，山居講學供養淡泊，生活相當清苦，講師難求，或無法久安於位，辦學十分艱辛。

東初初入佛學院就讀，不但佛學不懂，就連國文基礎都不夠，再加上主講法師為湖南人，口音更不好懂。當然更不提日常生活的困難拮据了！

竹林佛學院在此窘況下勉強經營，一九二九年靄亭法師應張蓮覺居士之請，赴港弘法宣講《華嚴一乘教義章》，深受信眾歡迎，種下他香港弘法的因緣，到一九三二年因緣成熟，更在香港開始弘法志業，竹林佛學院事便移交後人處理。

東初歷經佛學院一年來的初洗禮，自許甚高的他，儘管對自己的學習成果不算滿意，但也奠下這位文藝佛青語文與佛學的基礎，隔年得知寶華山正在傳授三壇大戒，他便告別竹林佛學院，前往寶華山隆昌寺受具足戒。

註釋

❶ 東初老人在「人生佛教」的講詞中說道：「佛是由人成的，人能信佛學佛，必能成佛。」又說：「這就是佛教要覺悟人類的根本，佛降生在人間，成佛在人間，三藏十二部經典，都是為拯救人類而說。」

2 千古召喚

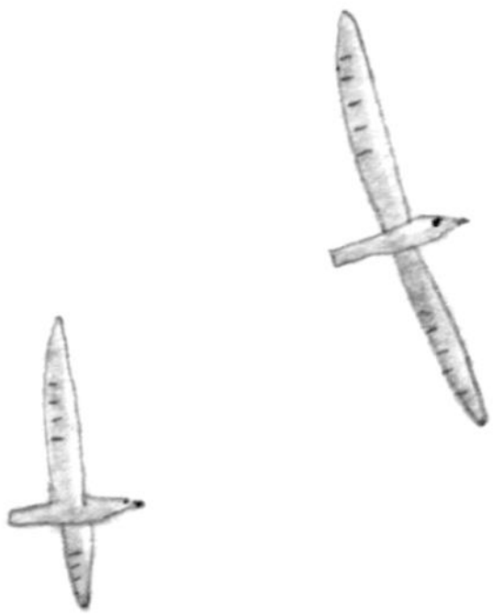

佛滅後，以戒為師，是佛陀最後的訓勉與傳承，這看似形式化的規矩和戒律，其實是為了守護清淨的身、口、意，內護自心、息世惡染，更是上求佛道、下化眾生——戒、定、慧三學的根本。

故僧侶受戒，是件無比大事，一方面學出家人的律儀，學叢林規矩，也在學一顆佛陀的清淨心。唯有受戒，得了戒體，才能習得出家的精髓，並維護僧團清淨。

當時的中國佛教雖萎靡不振，但是幾個江南大寺仍淵源流長，宗風不絕，如江蘇四大叢林——常州天寧寺、鎮江金山寺、揚州高旻寺和南京寶華山隆昌寺，前三者是禪宗道場，唯有寶華山是律宗道場，亦是目前保存規模最大的律宗道場。

寶華山以道風高潔，戒法森嚴聞名，每年春冬舉行的三壇大戒最為隆重，也最有規矩，成為佛教界僧侶受戒的第一志願，且嚴格規定年滿二十歲才能受大戒，民國時期每次傳戒，總有三百多位戒子前來受戒。

為了折服壇場上來自各方的僧眾，並且樹立權威和秩序，嚴厲的寶華山戒師們，往往以「跪沙彌、打比丘、火燒菩薩頭」等嚴格的戒壇規制，降伏戒子們粗猛心性。戒子們一到戒堂掛號登記時，就要被打三下，所謂「有理三扁擔，無理扁擔三」，在受三壇大戒時期，戒子們被打時，心裡要生起吉祥、歡喜之意，這可是淨化俗緣、磨鍊道心的無上加持力。

此外，在地靈人傑的寶華山受戒亦十分清苦，有兩句名言可以形容：「打的上堂齋，吃的雪花菜（豆腐渣）。」「要受華山戒，扁擔繩子一起帶。」吃的齋飯是一碗湯幾片菜葉子，還得自己準備扁擔和繩子，出坡到山上砍柴，用繩子綁好再用扁擔挑回寺內，光燒一鍋水就要擔十八擔水才能裝滿。冬天求戒時，不管晴雨或風雪，都要長時間跪拜在做為拜墊的磚頭上……，所以，來寶華山受戒，戒子們要有一種不怕苦的精神，這也是寶華山受戒的殊勝和清淨，通過考驗的戒子們皆引以為榮。

一九二九年，東初輾轉跋涉來到南京三十多公里外的句容縣，是前往寶華山的必經城市，從這裡還要攀爬十八里的蜿蜒山路，才能抵達。

寶華山除了戒法和教理的傳授外，梵唄唱誦和大板焰口等音聲法門，也是其特色。東初原就擁有一副洪鐘嗓音，歷時數年的經懺生涯，使他對音聲法門信手拈來，皆能契入。在此，他透過梵唄而更深入經典的內涵，同時對觀世音菩薩「入流亡所」的境界亦有所領會，祖師們透過反覆唱誦，原來是為記住佛陀教化的本意，他慢慢懂了，這原來是一種精進與自修。

那些每日繚繞於寶華山山頂的僧侶梵唄，千古絕唱，呼喚的無非是諸佛國土，在每一個人心間創造一片淨土，力求在塵世創造一片淨土，而透過戒律的修持與淨化，從五戒十善開始做起，戒除貪、瞋、癡、慢、疑，遠離一切無明惡事，守住內心一片清涼地，守住如如不動的正念，開啟人生究竟的解脫之道，這才是真正地離苦得樂。

東初這樣明白以後，他決定要重返佛學院就讀，學習戒律以後，就是更進一步修持禪定與智慧了！特別是浩瀚佛學的無盡智慧，對他而言，真是一份強烈的渴求，他也渴望經由他的筆觸、他的文字，將內心對佛法的體驗與感動，通通書寫出來，詮釋深奧的經典，轉化為書頁，讓更多的人可以看見佛陀的智慧，看見佛法的美好，不知不覺他在心裡設下了這樣的一個夢想。

3 汪洋閎肆

受戒後的東初，本來舉止就頗具威儀的他，更散放出家僧侶的穩健與沉著，也更有自信。彷彿突破了生命的一個隘口，而準備躍入生命的壯闊洪流，一九三〇年，二十三歲的東初辭師參方，至安徽九華山入寄塵上人主持之九華山佛學院修學；當時教務主任係惠庭法師，梁石言先生教授英文。同年又轉入南方福建廈門太虛大師所創辦的閩南佛學院就讀，由大醒法師主持教務，芝峰法師傳授唯識；同學先後有近代佛教大德印順、竺摩、戒德、默如、慈航、雨曇、覺民等法師同窗學習。

這是東初在佛學領域學習中最精彩、也最完備的三年，同時他開始實現了以筆為劍改革時代的夢想，求學期間，他筆耕不輟，陸續發表於各佛學刊物上，文字上的不斷磨礪，使他逐漸成為佛教界闊肆辯才。

位於廈門市東南的南普陀寺，地處鷺島（廈門本島）名山五老峰山麓，背倚俊秀群峰，盡收眼前一片碧澄海洋之美。最早五代時期僧人清浩在此結廬修行，也是鷺島有史以來第一座駐僧的山岩。明代永樂初年（一四〇三）覺光和尚始建普照寺，清康熙二十三年（一六八四）施琅將軍平定臺灣後駐紮廈門，重建普照寺殿堂，改稱「南普陀寺」。

具有革新思想的轉逢和尚擔任方丈後，為振興佛教，將原臨濟宗喝雲派所屬的南普陀寺改為選賢制的十方叢林，推選會泉法師為首任方丈，這是一九二四年廈門佛教界的一樁大事，一連串青年佛化運動亦在廈門陸續揭幕。

一九二五年秋天時節，轉逢和尚協同會泉方丈創辦了閩南佛學院，為福建第一所新穎的僧伽教育高等學府，由會泉法師擔任院長，常惺法師為副院長。隔年，太虛大師首次來到廈門，對於創辦佛學院和閩南佛化新青年會的弘法活動十分讚揚，他感受到閩南佛學院已為中國佛教點起一盞燈，而他要做的是讓這盞燈變得更大更亮。

一九二七年，在各方的推舉下，四月二十九日太虛大師被寺方聘為第二任方丈兼閩南佛學院院長。經過一番整頓，摒棄過去士大夫經院式法師傳法的僧教育方式，改採現代化專修科制教學，院風為之煥然一新。太虛大師又赴歐美四處參訪，閩南佛學院一時成為全國一流的佛教高等教育學府，更朝國際交流邁進，選拔英語卓越的學僧，成立「錫蘭留學團」等。

一九三〇年春季，歡送二十多名學僧畢業後，太虛大師因任期已滿，遂辭去方丈及院長職務，經大眾懇留，應允連任。這也使得在這一年新學期入學的東初，有機緣跟隨太虛大師學習，並親近大醒、芝峰等法師。

東初進入閩南佛學院後，除了佛學外，另接受了英語和日語的訓練，開始接觸現代知識，他的視野逐次拓展開來。當時中國內有天災人禍，外有強敵侵略，日本人盤據華北虎視眈眈，人心一再浮動不安。

由太虛大師填詞、弘一大師選曲的〈三寶歌〉，頗能代表當時佛子們的心情，這是民國十八年尾，兩位大師在小雪峰寺度歲時合作的中國史上第一首現代佛曲。

人天長夜，宇宙黮闇，誰啟以光明？
三界火宅，眾苦煎迫，誰濟以安寧？
大悲大智大雄力，南無佛陀耶！
照朗萬有，衽席群生，功德莫能名。
今乃知，唯此是，真正皈依處。
盡形壽，獻身命，信受勤奉行……。

省思文化傳播的力量，青年東初決意效法五四精神，開始寫作論述，先後於《海潮音》、《人海燈》、《佛教日報》、《妙法輪》、《覺有情》等佛教刊物發表文章。

一九三一年，整個中國的形勢更加緊張，三月十六日，太虛大師為學僧們開講完「學僧修學綱宗」後，離開廈門，往北京、上海等各地說法，倡導改革，閩南佛學院由大醒法師代理院長職務。九月十八日，爆發了九一八事變，日軍占據東北，舉國沸騰，學僧們亦然，東初與其他同學組成了一支抗議隊伍，代表閩南佛學院參加在廈門的遊行請願活動，他們整齊一致的行列，活潑有力的口號，條理清晰的訴求，大大改變了佛教徒給人消極避世的觀感。

整日伏案的東初，埋首苦讀，也勤於書寫，雖然反對日本的侵略，但日本佛學的發展及成果，不容抹滅，熟諳日文的他，開始嘗試翻譯幾篇日文的佛學譯作，像是常盤大定所寫的〈明治佛教學者之海外進出〉，後來發表於《海潮音》（一九三四年二月十五日），得到不錯的回響。

日軍侵華的舉動則變本加厲，一九三二年一月二十八日在上海又發動一二八事變。連串的事件使太虛大師直到這一年的十月二十五日，才回來閩南佛學院主持工作，隨即在二十九日為全體學僧做一場相當重要的開示：「現代僧教育的危亡與佛教的前途」，鼓勵學僧以振興佛教、昌明佛法為己任。

一九三三年，東初在閩南佛學院的最後一年，三年來他從一介青澀懵懂的學僧，躍入深奧的佛學，逐步塑造、養成其佛法視野和慈悲、智慧兼具的人格特質。他讀書、寫作、翻譯、編輯、校對，泅泳於文字之海，抒發其志。

五月，由虞愚居士和寄塵上人編纂的《廈門南普陀寺志》出版，全書翔實

記載自一九一一年至一九三三年，南普陀寺改制為十方叢林十年的歷史沿革。由於文章文采豐溢，東初以學生的身分，擔任《廈門南普陀寺志》的校對工作，其中也收錄一篇他所寫的〈南普陀遊記〉，記錄他眼中的南普陀印象，這是較為抒情的行旅文學。文中描述這依山面海，規模恢弘的古寺之無限風光。

> 中國之南，鷺江之濱，有南普陀寺焉。遠築於五代，高峰崚嶺，崛起海隅與隔太武對峙，儼然成為南天勝景。……寺中所有之建築，以本地所產花崗石黃磚鋼瓦為大宗，殿宇巍峨氣象森嚴，規模宏敞，清淨為比，而天王寶殿、大雄寶殿、大悲殿等均為近十年來重新之建築也。大悲殿工竣伊始，蓋舊殿民十七年秋毀於火，太虛大師即與全寺執事商議力謀重建，故此殿不特為全寺建築之冠，亦為太虛大師駐錫南普陀寺之偉大建築也。

從東初簡潔洗練的文筆中，娓娓道出南普陀寺古樸絕色，南普陀寺最大的特色是大雄寶殿等建築皆以閩南形式為風格。而對於因香爐失火，導致全殿焚毀的觀音殿，重修為大悲殿後，也有一番描述：

後側大悲殿高十餘丈，為新落成者，石柱巍煥，周列石欄，莊嚴無比，梯階而上，中奉千手千眼大悲救世觀音大士，蓋觀世音大士乃西方三聖之一也。佛以東方為娑婆世界，故大士其大悲救世之願力，亦常施設於東方，大士靈感勝跡甚多。但以文字而論，觀者見之事，音者聞之事，而觀音大士，則以聞之事為觀，以觀之事為聞；此無他，乃大士六根清淨，互為攝用。以千手千眼之神慧運四八之宏願，觀一切眾生之苦厄，施設梵音妙音海潮音充滿於東方娑婆世界，使無量無邊一切眾生皆成正覺，故婦人孺子莫不咸知誦觀音大士之聖號，亦可見觀音大士之宏願矣。

此重建之八角形三重飛椽的大悲殿，中間藻井由斗拱層層架疊，無一根鐵釘，十分精巧，殿中供奉著四十八臂觀音，既是閩南信眾的心靈靠岸，也是東初的精神皈依，從最早的觀音庵，一步步走到今天，東初無懼無畏，皆是心中觀音的慈光指引。

熱血青年的東初亦曾在雜誌慷慨陳辭：

在這暴雨狂風的國難當爾，提倡科學固然是要緊，尤其要徹底改造民族的心理，打破傳統自私自利的人生觀的思想，建設我佛如來自利利他同體大悲，我不入地獄誰入地獄的志願。以大乘不共的六波羅蜜多主義作我們現代中國國民行為的指針……。

而這六波羅蜜就是布施、持戒、忍辱、精進、禪定與智慧。對東初而言，六波羅蜜不僅僅是佛教徒覺悟成佛的途徑，更是中國興盛的關鍵，如果每一個人都能修持六波羅蜜，就能創造一個人間佛國淨土。

這位充滿理想色彩的青年僧侶，在這年春季已然完成所學，很快就順利畢業，他的院長太虛大師連任的任期也已期滿，不再續任，引退北返，大醒、芝峰法師亦相繼辭職，跟著太虛大師回到上海，由常惺法師擔任南普陀寺第四任方丈及閩南佛學院院長。

踏出閩南佛學院的一刻，東初做了一個重要的決定，本來打算到日本留學深造的他，因日本發動九一八事變及一二八事變，他不願赴日，內心思惟一番：「戒、定、慧三學，我既已受了戒，得了戒體，如今佛學基礎也已完備，再就是禪定的修習了！日本佛教著重禪修，如今我不去日本，不如返回禪宗祖師爺處好好鍛鍊工夫，也是一門要緊事！」

於是，他搭上北歸的列車，輾轉從燠熱的南方返回江南水鄉，順著大運河的路線，開始他另一段求道的旅程。

每一次離開，都是為了再一次跨越，從閩南佛學院離開的東初老人，又更茁壯了，不管時代如何飄搖動盪，他都可以昂首闊步，因為他已經擁有他的劍，他的一支銳筆已在閩南佛學院磨鍊出來了！

第2章

大砲響起

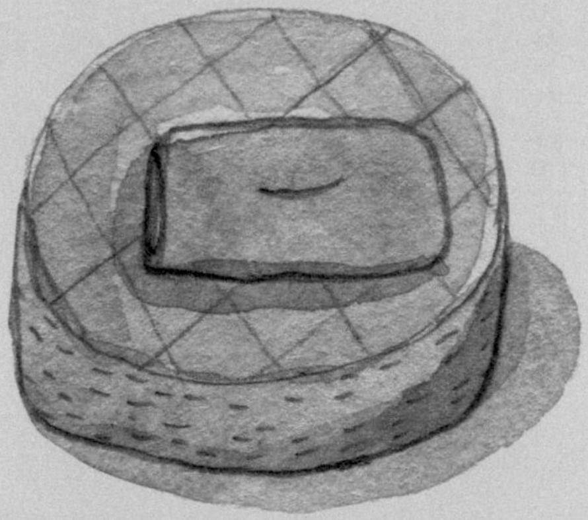

1 龍城象教

暮鼓晨鐘，隨運河流動敲響每一日每一夜，為塵囂帶來一份透徹的清醒，在蒙昧昏沉一九三〇年代的戰亂中國，一個人的清醒是很難的，而在外界如此擾嚷不安中，一群僧侶安坐禪堂求一份內心的清醒與明心見性，更屬難得。

下雨的江南常州，天與地一片朦朧水霧，京杭大運河滔滔而流，流經了東門外、紅梅公園前的天寧寺，清朝乾隆皇帝六下江南，曾三次來此古剎拈香頂禮，親筆題書的「龍城象教」匾額，為這「殿大、佛大、鐘大、鼓大、寶鼎大」五大禪宗大叢林下了註腳。

雨下著，嘩嘩的雨聲讓寺院更顯安靜，禪堂內，東初老人盤腿端身正坐，

沉澱紛亂的思緒雜念，片刻不離蒲團，只為求一個覺知，對起心動念的了了分明，看清自身未出娘胎前的本來面目，正如天寧寺方丈冶開禪師所說：「拈須彌椎打虛空，鼓默然識破未生前大地，原來無寸土。」

自閩南佛學院畢業後，一九三四年初春，二十七歲的東初原想赴武昌佛學院，他從廈門先返泰州原籍，途經鎮江，與同學雪煩數人約了遊訪焦山定慧寺。焦山是鎮江東北長江流經的一座美麗的江中島，與對岸象山隔江相望。如同一塊浮玉般，形成中流砥柱的壯觀場景，青峰蓊鬱，江天一色，島上的定慧寺更是禪淨雙修的道場，定慧寺自古即以參禪念佛、佛學鑽研、講經說法著稱，且清規嚴肅。

東初和幾名青年僧侶躍上渡舟，興致高昂地穿越長江，來到江心上的焦山幽境，這時正好智光長老擔任定慧寺監院，熱忱接待這幾位年輕僧侶。智光長老和太虛大師曾是南京祇洹精舍的同學，一起在南京成立中國佛教史上的第一個現代社團組織「佛教協進會」，同為近代佛教革新運動的中堅人物。

對於當時佛教改革的迫切，智光長老和太虛大師皆深有同感，尤其對現代僧伽教育更是有志一同，長老想在焦山為佛教做點事，此次相會與東初、雪煩相談甚歡，便邀請他們同來焦山創辦佛學院，培養僧才。東初答應這份邀請，但要先赴常州天寧寺親近證蓮老和尚，修習禪定及叢林規矩半年時間，這是東初先來常州天寧寺掛單的緣起。

歷經時代變遷，天寧寺與金山寺、高旻寺、定慧寺難得都還保存古代禪宗叢林遺風，冶開、來果、虛雲都是當前名聞一時的禪宗高僧。一個經歷過禪修鍛鍊的人，最起碼擁有靜定的心，不為外在環境擾動，更進一步則體悟到無二無別的空性智慧。

這等好修行的福分，要感謝天寧寺是為江南富庶地區的大道場，擁有田產可收田租，不為柴米油鹽費心思、傷腦筋。出家人可專心持戒與禪修，所以禪宗叢林的精神和規矩也可以完整地保存下來，比如甘守淡泊、克勤克儉、公私分明等等，而其中重法尚實，一切按規約平等行事，就連方丈亦不例外。有一回證蓮老和尚過了用齋時間，跑去齋堂覓食，結果被執事呵斥制止，就是一個例子。

在天寧寺半年期間，東初跟著證蓮老和尚一方面鍛鍊禪修，一方面也習得禪宗叢林規矩，東初出身農家，本就刻苦耐勞，勤奮做事，其個性如一棵穩固的大樹，踏實正直，威儀巍巍，難以撼動。天寧寺的禪定實修，更奠定他往後農禪風格的儉樸作風。這半年來，他雖未多作文章，卻也在古老叢林的熏陶下，傳承一份臨濟禪風。

2 教學傳承

一九三四年，智光長老已於三月順利接任焦山住持，佛學院辦學即刻開展起來，東初應允原先對長老的承諾，結束天寧寺禪修後，自常州動身前往鎮江，準備協助辦學並兼任教務工作。

盛暑的農曆七月大好晴日，東初再度搭乘鎮焦輪渡，從江邊鎮揚碼頭經北固山元興碼頭抵達焦山。渡輪上，望著長江如帶翻捲的黃色浪濤，天空一片晴朗，遠遠的小山島嶼浮出眼際。愈靠近時，蔥籠綠意愈是清晰可見，古剎與樓閣掩映其間，每次見這座浮出世塵之外的「山裏寺」❶，總是如許禪境幽意，東初心想。

過去文人雅士對焦山諸多描述，比如李白登山臨眺而作〈焦山望松寥山〉：「石壁望松寥，宛然在碧霄。安得五彩虹，駕天作長橋。仙人如愛我，舉手來相招。」或是蘇東坡〈從金山放船至焦山〉：「焦山何有有修竹，采薪汲水僧兩三。」都將焦山的清與雅描繪得歷歷在目。

與蘇東坡唱和的佛印大師，曾從金山至焦山任過住持，還有《無門關》著稱一世的無門慧開禪師亦曾駐錫。如今，東初渡船將抵岸際，他不僅要去探訪先人的印痕，印證那流動千年的禪機，也將在這裡開啟改革中國佛教的契機，他感謝命運總帶領他去到最好的地方，這是諸佛菩薩的一份加持，使他能在最壞的時代，擁有最好的幸運。

焦山古稱一寺十八房，即一座定慧寺外，尚有十八個小庵，東初去焦山時，為一寺十一房，東有碧山庵、玉峰庵、香林庵、自然庵、古壁庵、海雲庵、文殊閣、海若庵，西邊有海西庵，西山腰有觀音崖，山上北面有別峰庵等，而焦山佛學院的維持則以定慧寺為主。

在智光長老的主導下，秋收時節，焦山佛學院風光開張，寺內的海雲堂和禪堂前後闢為院址，設立佛學《五蘊》、《百法》、《心地觀經》與國學、史地、算術等學科，招收四十名有一定佛學與國學基礎的青年僧侶，以新戒為多，如：茗山、合成、覺悟、本倉等法師。除了東初之外，雪煩、玉泉、雲開、覺民、曼陀等法師皆來任教，雪煩法師同時擔任佛學院教務主任。

焦山佛學院院長一職，則由定慧寺在職住持兼任，一開始是智光長老，後來靜嚴、雪煩、東初、圓湛等法師陸續擔任。學僧平時聽課、自修、寫作業外，還得參加早晚課，誦讀《華嚴經》，打佛七，出坡勞動。智光長老的想法是，期使定慧寺與佛學院能形成「叢林學院化，學院叢林化」的新局面。

焦山佛學院在當時佛教界，可說是學僧求學的第一志願，師資一流，學僧素質也一流。而東初在焦山佛學院，可是出了名的嚴格，一發現學僧行為有什麼小毛病，立即不假辭色地指正，因此很多學僧都非常懼怕他，只要他從前面走過來，索性繞路到別處去，以免挨罵。面對其一絲不苟的教學態度，學僧們甚至私下封他「東大砲」綽號，可見學僧對他的敬畏程度。

東初的教學理念，不但在於教理的傳授，尤其重視日常生活的指導，務使學問與生活融而為一；當時學僧有星雲、煮雲、廣慈及自己在觀音庵的剃度弟子性空等諸師，後來皆在佛教界大放異彩。

日出日暮，皆有焦山不同的美，唯一的氛圍就是沉靜的氣息與不事張揚的空靈，高大的銀杏樹與梧桐樹林隨風傳遞樹語，每一間別院皆是修竹綠意，潺潺河畔成排楊柳垂枝，大殿裡參佛的悟境，延伸到殿外的禪行，這一幕幕焦山場景，成為東初老人永恆的印記。

時間很快，教學的日子轉眼來到第二個年頭（一九三五），智光長老卸下住持一職，由靜嚴法師接任，同時東初與雪煩同受智光長老付法受記（曹洞宗法脈）❷，東初被智光賜法名「鐙朗」，賦予監院職責，開始整理寺產，充實道糧。東初處事俐落，果敢明快，能言別人所不敢言，特別條理清晰，尤善理財，開源節流，量入為出，其治事的卓越才能，於此開始顯露，所有僧眾無不欽服，但也頗感壓力。

和天寧寺一樣，定慧寺也靠收租維持開支，寺院的田產約萬餘畝，多在蘇北一帶，大約有四處田產：儀徵縣樸樹鄉一帶、泰州、和尚洲（江心洲）及龍潭。東初出門收租是坐轎子的，排場甚大，這是焦山大叢林風格。每年他必去

蘇北收租，經過泰州時，習慣安單於光孝寺，當時成一法師為光孝寺佛學院的監學；二位長老因此由見面而逐漸相熟，有時成一法師也須下鄉收租時，兩人偕伴同往。

由於佃農常會耍賴喊窮，一般僧人是收不到租金的，往往一拖拖很久，然後裝作無事，寺方拿他們一點也沒辦法，東初則一改以往作風，不准佃農賴皮不交。他會先登記清楚，並確實調查每個佃農家庭經濟實情，該收的收，該減的減，該免的免，採用恩威並濟方式來收租。

東初和成一因緣甚深，東初是智光長老的法子，而智光長老則是成一的曾師祖，同時東初出家、參學皆早一步，故成一對東初總相待以長輩之禮，以示敬重。一九四二年夏天，成一法師還專程前往定慧寺作客三天，禮拜智光長老，並接受東初的盛情招待，留下難忘的焦山行旅印象。兩位長老來臺後，都為臺灣佛教的發展做出相當重要的貢獻，是近代史上領航的佛教人物。

同為焦山兩大支柱的東初與雪煩，因緣更為特別，不但同為智光長老的法子，早年在竹林佛學院求學時便結下同窗情誼。雪煩為江蘇省泰縣人，十四歲出家，二十歲於棲霞寺受戒，曾先後求學於竹林佛學院和柏林寺佛教文理研究院。一九三四年擔任焦山佛學院教務主任，一九四二年至一九四六年擔任焦山寺方丈、焦山佛學院院長。

焦山佛學院在諸師嚴謹的辦學下，成果蒸蒸日上，建立相當好的口碑，一九三六年秋色正濃時，印順法師橫渡長江，翩翩來訪定慧寺住持，即昔日閩南佛學院同學靜嚴法師；此時東初任焦山佛學院教務工作，便邀約印順法師為學僧做了一次精彩的講演。

一九三七年七月七日北平盧溝橋事變爆發，中國各方政治勢力逐漸達成統一抗日共識，並動員全國力量全面作戰。日本也展開攻占中國本土大片精華地帶的侵略行為，繼續施行「以華制華」策略，許多重要的古蹟與寺院皆在戰火中成為廢墟。

焦山在七七事變後，日軍攻占鎮江時，國民黨於此設有要塞司令部，由江蘇省長韓紫石挑選一連敢死隊死守焦山，激戰三天三夜後，終於淪陷，日軍縱火燒焚了大殿西側大片精美建築，像是石肯堂、枯木堂、方丈樓、伊樓、法堂、枕江閣、海西庵、客堂及山腰上的觀音崖，全都毀於一旦。僧眾八十餘人躲在華嚴閣下東側的羅漢洞內，日軍占領焦山後，搜查出來，強迫大家跪在大殿準備槍決，德峻長老對翻譯說明寺內都是僧人和老百姓而已，日軍一一檢查每人頭上，有十二個人有戴軍帽痕跡，便拖出火焚處死。日軍追查焦山最珍貴的〈瘞鶴銘〉石碑，則被僧眾們藏好在亂石磚垃圾中，而未被搜走。

因日寇侵犯，焦山佛學院一度停頓下來，待時局穩定些時重新恢復，院長雪煩與副院長東初摒除各種外緣障礙，積極辦學，如此到了一九四三年，焦山佛學院儼然成為京滬線上的最高學府，各佛學院的學僧們皆以能就讀於此而引以為榮，東初這時是佛學院的副院長。

冬際時分，二十五歲的煮雲法師亦慕名而來，他從南京棲霞山佛學院經金山寺，擬往焦山佛學院就讀，不過因學期中，只能當旁聽生，與雲霞、大同等同學，到新學期開始，東初仍以煮雲年紀過大之故，堅守原則下而不許他進堂，後煮雲落寞離開焦山，未料及往後在臺灣仍與東初老人結下不解之緣。

在焦山佛學院辦學時期，東初的第一位弟子性空，也來報考就讀。性空至觀音庵求度出家時，東初尚在閩南佛學院就讀，故由靜禪老和尚代為剃度，取法名聖智，字性空。在此之前，靜禪老和尚也曾代東初剃度兩名弟子，大弟子聖照，字蘊空，二弟子智寬，因此性空排行第三。

性空跟隨著靜禪老和尚忙著趕經懺，除敲打念唱，沒機會讀書，直到來焦山佛學院，才能一開眼界，飽讀經論，見識名不虛傳、威儀齊整，被封為「焦公子」的焦山僧眾。性空在焦山佛學院畢業後，留在庫房做帳目，直至一九五一年焦山佛學院解散，不得不離開。幾番顛沛流離，轉至寒山寺擔任監院，乃至被迫勞改下放，仍不忘弘法護教。

東初老人隻身來臺時，身上帶著一塊「中國佛教會」招牌，日後以此守護諸多僧眾。而他的弟子性空在勞改時，隨身也帶著一塊寒山寺的古匾額：「五峰古方丈」，此為清代俞樾老人所題寫，成為他勞改時的精神寄託，日後他擔任寒山寺方丈，匾額便掛在方丈書齋內。東初在臺灣為佛教文化扎下根基，續佛慧命，性空則以其願心，中興岌岌可危的寒山寺，恢復昔日光華，令法鼓鐘聲繼續醒世，這也是東初老人對弟子教導有方。

註釋

❶ 鎮江金山寺以「寺裹山」著稱，焦山則以「山裹寺」聞名。

❷ 焦山定慧寺宗派，宋以後是禪宗的臨濟宗，清代是禪宗的曹洞宗。清同治年間開始，住持大須和尚改制禪堂念佛不參禪，直至今日，祖堂牌位仍為曹洞宗，寺內遵行的則是淨土宗念佛法門。

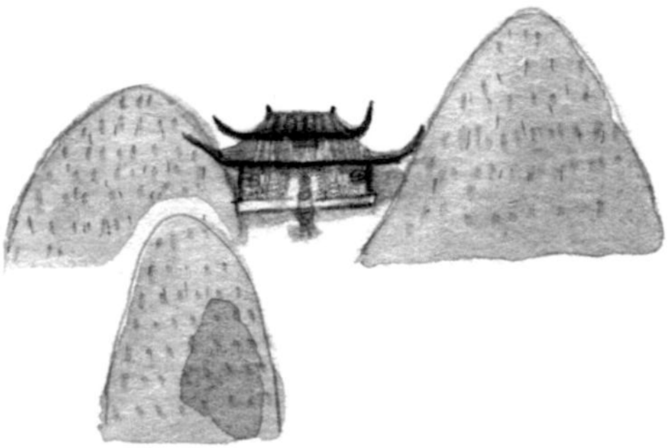

3 焦山中流

轉眼東初來焦山已經十年，在辦學與寺務中修行自己，生活即道場，很多人誤以為出家修行是遠離俗塵，殊不知掌舵佛學院與寺院的運作，才是一大歷練與考驗，方能淬鍊出修行的真工夫，尤其在此日軍侵華的國難時期，舉步維艱，這也訓練東初嚴以律己、少欲知足、有作有為、敢於擔當的真性格。

在一九四四年二月號的《中流》月刊，東初以海雲室主筆名，寫下〈禪餘偶感〉抒發心中感言：

> 余之學業荒廢久矣！浮雲意識，逝水年華，不於此時努力掙扎，留下點痕跡，後將空虛渺茫，噬臍莫及矣。

曩者余不自知，冒就叢林職位，亦不過隨緣嘗試耳，初不知本身上損失有如此之鉅也！於是吾人始覺悟到修學佛法，實不專在生活充裕上也。生活充裕，甚至能麻醉人心，墮人志氣，使其晏安酖毒於不自覺。

余掛搭焦岩，已十年於茲矣。於中除為同學授課未及二載外，其他半為俗塵酬酢忙，半為寺務奔走忙，個已之事，眼見退墮深淵，思之顛倒極矣！

去年作業，若照我原定之計畫，是以六個月之時間，把律藏要典，大略究閱一遍，以作學佛之基礎，然後全力補習佛學，然寺務紛繁，生活多散漫，很難做有系統之研究，這的確是我終日負疚的中心地點！但已被環境所限，亦只能姑且收納，希望能早點把職務卸肩，得一適當的關房。於以成就道業，要不失為此生學佛之名實耳！

所幸個人的身心，比前此健全得多，如果由是保久持常，猶不失「留得青山在，還怕沒柴燒」之後望。惟所處環境太惡，染習潛熏頗烈，時為此懼，此後遇不到智德全備之善知識，或無相當修養助緣，恐不免隨業牽引，墮落是虞！

「一國之所謂惡，當無更惡於意見參差，人民不能一致。而所謂善，亦莫善於人民有團結之力，而能遇事一致」，斯柏拉圖理想國中蘇格拉底之言也。返觀我國之人民，固多散漫，無團結之可言，而佛教徒唯尤甚焉，如開中佛會情形，其混亂到若河程度……。

余數年來，用全力於護持僧教育，始終未嘗稍懈，對學院課程規定，組織設備，無不節節擴展，日謀臻於完善，前期檢閱學僧函件，竟尚有對於本院深致不滿，斯亦促余覺悟之幸事也。

由此可知，東初在寺務、院務中日理萬機之備感辛苦，若是一般心志早就退卻。一日下午他讀誦古文厭倦，翻閱起憨山大師《夢遊集》，自感業障深重，對於大師所言「煙波日日浸寒空，魚鳥同遊一境中」感觸更深，心底暗許：「不宜再事他種無益不急之學也。」

特別在得知《海潮音》雜誌的主編福善法師，以三十歲之齡英年早逝，更加深他的無常感，為此特別寫了一篇追悼文〈還說什麼〉：

在我們許多青年當中，福善要算一個前進派的青年，他到死才三十二歲，他讀書的歷程，由鎮江到閩南、武昌、重慶。在這個短短十幾年當中，不斷地努力奮鬥，成為佛教中最有希望的一個青年。

……《覺群週報》是適應這個要求而出世的，他是擔任這個堅苦卓絕任務。《覺群》與《中流》是佛教中兄弟刊物，在這一年中，我們論調與主張，無論是護教，護國，都是一致的，我們有許多理論與主張雖然沒有能具體的實現，但至少在全國人民腦海中發生了深刻的反響，同時，我們都很相信將來對佛教，會有很大的貢獻，那知我們的一切希望，現在都變成渺茫的春夢！

……我們對於福善法師的死，除掉悲傷，哀悼苦悶，還說什麼!?

東初深知人情世故總是生活裡最大的磨鍊：

人多以余掛搭焦岩，一切處境，或較他人為優，然以亂後餘生，驟肩重任，院事殷繁，開支法大，恆感無米之炊，八面受窘，似此情形，還有人不能諒余，而眼紅嫉視，其實在余個人學業，既然日見荒蕪，一方面又感到說不出來之況味！

人事的是非總夾雜在人群之中，這以後東初還要經歷一番考驗，但此時的他，十年未離職守的生活，已經是萬分忍耐，更渴望能早日閉關自修。雖然他自省自己缺乏修養工夫，往往遇事不順，立做忿激之言，時動心肝之火，頭暈耳鳴，神經激亢，有違養生之旨，今後當逆來順受，但其實他是講究一種公平正義，且堅守職責原則而不放鬆，故不平則鳴，義憤填膺。處在此時此刻的時代環境，一所大寺、大學院如何維持與發展，實是考驗東大砲的智慧。

焦山佛學院雖集一流人才為學僧，能接受時代新思潮，勇於創新，但也因此不易接受教導師長過於嚴厲的管理方式，常被視為守舊頑固作法，一度焦山佛學院便發生學潮，學僧們鬧著要集體離開。

當時，東初任職副院長，一日巡視教室至學僧智勇座位，恰巧見到一本智勇所寫的《東初日記》，內容充滿對東初的種種負面批評。院長雪煩法師閱後，召開會議決定開除智勇，未料竟掀起學潮風波。面對種種內憂外患，縱使深感疲憊，東初仍必須一肩挑起重任。

京滬線上焦山定慧寺與南京棲霞寺皆為名勝地區，也是重點寺院，彼此常陪中樞顯要或地方名流，乃至遠道諸山皆互訪走踏，兩者間的往還熱絡，東初和棲霞寺的月基法師，也是閩院學弟，因此而往還甚密。一九四四年九月底，東初與泰縣大老盧止菴長者等人聯袂造訪南京棲霞月基法師，觀賞山中紅色秋葉，小住三日，同門諸人暢敘幽情，留下「人生最歡愉的時光」，伴以同行謝先生的古箏音色，繚繞虛空，彷如淨土美善之境，對照出現實無情的戰亂之苦，這是東初焦山歲月中一段的美好插曲。

隔年秋天，終於傳來好消息，一九四五年九月九日，日軍宣告戰敗投降，然而戰爭結束後不久，另一場國共內戰又開始了，國民政府與共產黨衝突續起，致使中國再次陷入戰亂之中。

一九四六年，寒梅綻放後，春暖花開時，三十九歲的東初，繼雪煩法師之

後，承擔起定慧寺方丈大任，並兼焦山佛學院院長，繼續培育僧才，同時，在東初上位的傳法儀式上，付法曹洞宗法脈給圓湛、戒證、茗山、介如等四人，分別擔任大當家、二當家、三當家、四當家。

為推廣法務，東初另為焦山做了一件大事，就是以鎮江定慧寺出版之名，將原先內部傳閱為主的《中流》月刊（創始於一九四二年前後），改為刊物形式對外發行，並任發行人，廣宣佛化。「中流」之命名，除焦山位於長江中流，更取「中流砥柱」寓意，「以挽久溺之人心」為旨。《中流》月刊由分管佛學院負責教務的三當家茗山兼任主編職務，覺先擔任助編工作。

時局混亂已是常態，焦山風貌也起了變化，東邊漲起了很長的蘆葦灘，東初接任住持後，除秉辦僧伽教育外，更重視東洲築堤事項，該處萬餘畝土地皆沙灘漲成，面臨長江，若無防水堤，每逢雨季，便易氾濫成災，而難豐收。其中定慧寺擁有五分之三面積，為了築堤一事，東初抱著極大的犧牲精神，向鎮江農民銀行貸款，數字極為可觀，幣值約今日上億萬元以上。

東洲佃農卻有人興風作浪，時因鄉人侵占增漲沙灘，東初與之交涉，地歸寺方，引發不滿，曾夜襲東初，東初聞訊避難山上而得以幸免。此番築堤更誣陷東初曾與日寇汪偽等機關交往深切，時值肅奸時期，東初無端遭囹圄之災。這期間，幸賴各方奔走，月基法師亦請託開國完人張溥泉等設法疏通，向有關主管申辯，如此經兩個月調查清楚後，還東初一個清白，當庭釋放。東初恢復自由的當晚，月基法師特地在南京貢院街六朝居設宴祝賀，並邀約江政卿、趙茂高等居士陪同；東初因此認識江、趙二人，以後更成為莫逆之交，江政卿是北京中央飯店老闆，也是一位虔誠熱情的佛教徒。

這年，與東初同鄉又同門的南亭法師，從駐錫的泰州光孝寺來到焦山探望其出家披剃師父智光長老，東初遂請南亭為學僧們講了三天上下午各兩小時的《圓覺經》。佛學院改設在藏經樓，樓上講堂，樓下兩間大房為宿舍。平時東初做精神訓話，勉勵學僧勤勉學習，勿忘學佛初衷。

夏天，為了整頓日軍投降後百廢待興的佛教事業，當時中國佛教會會長太虛大師特地飛錫焦山一趟，委請東初主辦「中國佛教會會務人員訓練班」，一來整頓全國佛教需要人才，二來焦山人力與財力、物力等條件都是相對較好的，三來東初、雪煩皆是閩院出身，因此將訓練班設在焦山，聘芝峰法師為班主任，瑰然為教務主任，雪煩為訓育主任，東初為事務主任，震華、戴玉華等為教師，集九省三市俊彥比丘等二百餘人於一堂，實施行政工作訓練。

此外，有鑑於時勢的變化推移，僧眾們急須自力更生，特別又創辦「工讀社」，購置織布機等器具設備，倡導僧眾們工讀，自謀生計。

這一年就這麼熱鬧過去了，東初嘗盡了憂喜同俱、世事無常的春花秋月，滄海桑田，國事家事，事事皆從眼前過，當年那個懷著興奮之心追隨兄長腳步出家的十三歲男孩，已屆不惑之年，這一刻自己正在焦山住持位置，三兄雲開則是泰州北山寺住持，兄弟各自登上自己的山頭，但東初明白，登了山頭，也有下山的時候，時局愈來愈混沌不明，大有山雨欲來風滿樓之勢。

一九四七年春天，東初去了超岸寺一趟，遇上一群剛從南京古林寺受戒完，來鎮江遊玩的學僧，其中幻生法師對於東初的初見印象極為深刻：「我們在超岸寺見到老人，魁偉的身材，四方形的臉，與雲開和尚完全兩樣。」幻生法師的同學自立（乘如）法師的師父即是雲開和尚，東初因事無法陪伴學僧們同遊焦山，還特別向學僧領隊致意：「我今早進城辦事，無法親自招待你們，歡迎你們去焦山好好遊玩。」

幻生法師後來在臺灣與東初老人再續前緣，在《人生》月刊發表數篇文稿，終於才正式與老人相識，並協助代編幾期《人生》月刊。兩人在編輯《人生》月刊時，有更多的交流，幻生法師對東初老人言談風趣印象深刻，有一回談到文章問題，還發表一番高論：「你這孩子，我們哪裡會寫文章，我們說的哪一句話，古人不是早經說過了嗎？我們只是拾古人的牙慧拼湊而成。這等於一個排字工人，撿現成的字排在一起罷了。」這就是東大砲的直言率真性格。

一九四七年佛教界的大事是：三月十七日太虛大師於上海玉佛寺因腦溢血圓寂，葬於浙江奉化雪竇山，留下「人生佛教」未竟的理想給後人了。

接繼恩師的佛教改革遺願，東初於這年當選為中國佛教會勝利後第一屆常務理事兼駐會委員，沒想到兩年後，他為中國佛教會寫下了歷史性的一刻，將中國佛教會招牌拆下來，帶到了臺灣。

十五年的焦山因緣，對東初來說，來到了終曲，一九四八年，未及冬天解放軍將要渡江南下，因寺務紛擾，東初順勢辭退方丈一職，讓圓湛上位，遊化京滬各地，廣結法緣去了。他離開後，焦山寺內僧眾也在冬末緊張局勢中各自離散避難了，剩下空蕩蕩的寺宇，直到一九四九年中華人民共和國成立後，靜嚴老和尚被鎮江人民政府委派回焦山擔任住持，再召回茗山法師擔任監院。

人生的每一場遇見，從佛教因果輪迴而言，都是一場久別重逢。一九四八年春天，東初遊歷到上海靜安寺也有一場極特別的久別重逢，只是當時僅僅驚鴻一瞥而已，甚至連東初都不知道有這樣的一瞥。

當時靜安佛學院的一名學僧，法名「常進」，他雖聽說東大砲的威名，初遇老人，卻留下「風儀可敬」的印象，這位常進學僧未料及和東初老人將有一段不可思議的殊勝法緣，他就是後來東初老人的法脈傳承者——聖嚴法師。

聖嚴法師第一次遇見東初老人，是在一九四八年的春天。當時聖嚴法師在上海的靜安寺求學，同學之中也有從焦山佛學院過來的，他們對於東初老人並無好感。聖嚴法師看過焦山的兩種刊物：一種是鉛印的《中流》，代表辦學的一方，水準高，態度也嚴正；另一種是油印的《怒濤》，代表學僧的態度，是由焦山佛學院出來的學僧宏度、星雲等法師所籌辦。由此可知，焦山佛學院的師資陣容相當堅強。某天晚上，聖嚴法師聽到一位曾在焦山佛學院住過的同學說：「東大砲來了，就住在丈室的樓上。」第二天早晨，東初辭出靜安寺的尊客寮後，聖嚴法師驚鴻一瞥地見到了老人，覺得他的風儀非常可敬。

卸下東大砲的面貌和辦學的威嚴，東初這一年不是在上海，就是應邀到北京，四處講經說法，在北京多住在江政卿居士府上。這一年的奔走中，東初已明白一切勢不可挽，一九四八年底的紛亂遍及全國，上海聚滿了來自江南江北無數逃難過來的出家人，等著跟國民政府一起離開。一九四九年農曆一月十六日，他拆下中國佛教會的招牌，買到了船票，在上海外灘碼頭嘈雜聲中，與逃難人群搭乘中興輪自上海來臺，之後中國佛教會於臺北南昌路白聖法師住持的十普寺，以駐臺辦事處名義重新開張。

大時代的故事繼續書寫，臺灣成為大時代裡延續佛教改革理想的國度，也意外成為落實「人生佛教」的聖地。當時跟隨國民政府來臺的大陸僧侶中，既有德高望重的長老，亦有才學卓越的法師，尤其江浙一帶大陸僧侶，如東初、印順、慈航、戒德、默如等諸位法師都是太虛大師的學生們，他們將中國佛教的精髓與革新帶入臺灣，一如聖嚴法師在《悼念．遊化》一書所說：

四十年來，臺灣佛教雖不能說全由這些長老的貢獻而有今天的局面，至少他們是起著導向作用的佛門大德。目前的臺灣佛教，漸漸已由本土出身的中青年輩，推動著法輪前進，確已承襲了大陸佛教的優良傳統，一掃日治時代的殖民地佛教的色彩。這就不能不感謝那些長老們，努力於傳戒、講經、辦佛學院、發行佛教書刊，以及領導著中國佛教會的運作之功。

然而，搭輪船橫渡臺灣海峽到基隆，與當年搭渡輪橫渡長江至焦山，對那時東初老人而言，是兩者截然不同的心情，不知前途的茫然感，夾雜著國破家亡的創痛，中興輪上到處擠滿了人，走道、廁所也全都是人，一船人的命運駛向一座最後希望的島嶼。面對此情此景，傲骨的東初明白就算悲傷也無濟於事，只有順著生命之流往前方行進，一切皆有諸佛菩薩的美意。

第3章

掩關人生

1 兩次逃難

一九四九年，是中國人分裂的一年，從此兩岸隔絕。這個分裂也經歷了三十八年，才打破了隔絕的狀態。

一波波浪潮打上黃浦江岸，一波波浪潮退至基隆港邊。上海與基隆的兩岸，一艘艘的輪船，載滿了離開家鄉的人，人心惶惶，喧嘩的聲音充滿在臺灣海峽的兩邊。離開的，以為只是暫時的安身；留下的，以為只是暫時的別離。

一月二十七日，除夕前一天的深夜，一艘原本只能承載五百人的太平輪，載滿了將近一千逃難的人們，因此而撞上了另一艘貨船建元輪，一千人只有三十六人倖存，時代的悲劇再添一樁。然而，這場船難在當時只不過是眾多船難中一段小插曲，很快淹沒在混亂的時局中。更多逃難的人們繼續登上一艘艘

開往基隆的輪船，距離太平輪船難不到一個月時間，二月十三日，東初老人身上帶著一塊「中國佛教會」匾額，從上海登上中興輪，渡海來臺。

那晚，海上明月又圓又亮，滿船的人卻浮浮沉沉。出家人本來身無長物，但東初老人身上卻多了塊「中國佛教會」招牌，當時他是以中國佛教會常務理事的身分，守護著這塊招牌，日後抵達臺灣時，這塊「中國佛教會」招牌不知庇護多少渡海來臺的外省籍大陸僧侶。

月明星稀，東初側身在眾多天涯淪落人之間，望著這一輪海上明月不免感嘆：「千百萬人如潮湧一般向海外逃亡，我也是其中一個，隻身飄流到寶島；從大陸帶出來的，只有一個慘重痛苦的教訓，沒有興高采烈的熱望。」

動亂的時局，人人都只求先上了船、靠了岸，其他的就走一步算一步了。未來的渺茫，前程的未卜，在這個混亂的年代，沒有人可以提供什麼保證。當船一靠岸，東初好不容易搖晃的腳步要站穩了，卻因為沒有申請入臺證，而被拘留在基隆港口，獨自面對淒冷的東北季風。

李子寬居士是當時「中國佛教會」的常務理事之一，他曾參與中國同盟會，為中國國民黨創黨元老之一，曾任湖北省國民大會代表，是太虛大師的俗家弟子。一九四八年，他隨著國民政府南遷，先到了臺灣，準備在臺灣尋找適當地點，繼續太虛大師未竟的弘法事業。他與同是虔誠佛教徒及大護法的孫立人將軍夫人孫張清揚女士（亦稱孫清揚），共同捐助了臺幣一千五百萬元，取得善導寺管理權，正式接管善導寺。

身為黨國元老，又是佛教擁護者，李子寬居士一聽到同為「中國佛教會」常務理事之一的東初被拘留在基隆港，立刻動身前往擔保，東初這才真正安穩踏上臺灣土地。經由李子寬的安排，暫時於臺北善導寺掛單。

時局緊張，由於經濟拮据，寺方供養不了太多的法師，諸師只好紛紛離去，四處掛單，同時政府方面聽說有五十名青年出家人派來臺灣臥底，隨即引發一場抓大陸和尚風潮，出家人大都隱居而不敢露面，彷彿末法之將至。

那時，幸有一位年方二十六歲的楊白衣居士，憑著一股護教熱誠，在此風聲鶴戾中，帶著東初東躲西藏。當時東初僅穿著短褂，在楊白衣的陪伴下，兩人從臺北坐普通車南下，第一站是后里。因為后里有毘盧寺，楊白衣想帶他去

中國

那兒借宿一夜。

火車快抵達后里時，有人在車內叫賣粽子，許是肚子餓了，東初開口問粽子裡面包什麼東西，並請叫賣的小販打開看看。當賣粽子的小販把粽葉打開時，現出了豬肉，東初即笑一笑，說：「這我不吃。」

說著，卻從口袋掏出一張鈔票，買了一個給楊白衣。楊白衣反問小販：「有沒有菜粽？」對方應：「有！」楊白衣於是買下想給東老吃，不過，當楊白衣把粽子拿給東老時，東初卻說：「你吃吧，在車內我吃不慣。」接著，便閉目養神端坐在椅凳上。不久後，又有小孩子叫賣玉米，東初又東翻西翻地問起價錢，並半開玩笑地討價還價，最後，沒叫孩子失望，掏了錢買幾根。

抵達后里之後，由於當時交通不發達，要去毘盧寺只能走路。兩人走了一段漫漫長路，好不容易才到達，無奈，寺方以不住男眾為由，未讓兩人留宿，許約四面風聲甚緊，怕受到連累所致。東初雖被拒絕但神情不以為意，比丘尼們反而對他訴說起寺內無水可飲的苦經，東初聽聞，開示他們要懺悔、拜願，並以大陸事例為證，勸其多求護法神眾，慈悲賜水。

後來昆盧寺妙本法師招待他們一碗米粉，吃完後，隨即離開，折騰一整日，兩人皆已疲累不堪，沉重無精打采走回后里車站，再乘車往臺中，來到楊白衣熟識的慈航院。對提出掛單借宿的請求，慈航院同樣多有疑慮，但在楊白衣極力保證之下，慈航院終於首肯，並請東初填了張流動戶口表，總算得以歇息一晚。

隔天，兩人繼續南下到嘉義，宿天龍寺；再從嘉義到臺南，宿竹溪寺；從臺南到屏東，宿東山寺；從屏東到臺東、花蓮、宜蘭，如此邊住邊返，居無定所，流浪了一週。由於情勢惡劣，不敢住宿大寺院，專向郊外的道場跑。

雖然一路顛沛流離，躲躲藏藏，東初老人在途中始終不損威儀，並保持著隨遇而安的心境。一路上看到有什麼叫賣的東西，還興致高昂地看著、買著，當然，也不忘討價還價，東初老人呈現出的天真、幽默的雅興，讓這一段原應緊張艱苦的逃亡之旅，顯得不那麼驚心動魄，令當時陪伴他的楊白衣不覺莞爾。

或許是嘗過了國破家亡的痛苦，以及孤身渡海那種前途飄渺、朝不保夕的茫然，此時東初老人的心境，已被鍛鍊得隨緣豁達。

2 創辦《人生》

一六九七年，康熙三十六年農曆五月，郁永河為了開採硫磺，從福建來到北投，他從山腰望去，見到的北投是一片「白氣縷縷，如山雲乍吐，搖曳青嶂間」，白色的煙霧，如山間雲氣在青山間搖曳。當時的北投，連草木都無法生長。

到了日治時期，一八九六年日本大阪商人平田源吾在北投蓋了第一間溫泉旅館，後來北投漸漸成為療養休息的地方。一九四九年北投除了以溫泉聞名，更已是人文薈萃之地，其中亦錯落諸多寺院，像是一九〇五年建造的普濟寺，原名為鐵真院，是日本真言宗佛寺，一九四九年藏傳佛教格魯派第十七世甘珠活佛駐錫於此後，更名為普濟寺；還有建於一九三二年的善光寺，為日本淨土宗西山深草派寺院，曾是日治時期的日人信仰中心；而位於溫泉路上的山

腰處，可以堪稱是北投地區最大佛寺的法藏寺，則由臺籍妙吉法師等人建於一九二八年，居高臨下，可遠眺淡水河下游平原與臺北盆地周圍山脈，風景十分宜人。

遊歷寶島一圈回到臺北後，東初老人也在曾景來居士的介紹下，移駐北投法藏寺掛單。當來到法藏寺，春天的北投已是一片青山綠水，許多信眾對於這位法相莊嚴的外省籍法師，無不生起一股崇敬之意。而原以為不過是暫時掛單於此，卻沒想到日後北投成為他在臺弘法的搖籃之地。

一九四九年，四月六日，他應北投旅社聯誼會的邀請，以「人生佛教」為題，講說佛法。這是他在臺灣的第一場說法，也是臺灣信眾首次聽聞「人生佛教」要義，以前信佛教其實是求神拜佛，東初老人卻別開生面地闡述：「民主時代今日，絕不是信神，信鬼，信上帝的時代；是一個信仰人，信仰佛的時代。佛是由人成的，人能信佛，學佛必能成佛。」結語也清楚指引怎樣學佛成佛的明路：「五戒為人生佛教的基本，學佛初步的戒條。」

在法藏寺安單後，由於語言不通，一開始生活還不太習慣，東初幾乎每天都搭公車到臺北中華路成一法師和張少齊老居士開設的覺世社報到。成一法師和張少齊居士是一九四八年來臺的，因發現本省寺廟缺乏研究佛學的中文本佛書，便在中華路（後遷成都路）購得店房，開設覺世圖書文具社，流通佛經。

在覺世社會晤時，東初談及先前在北投演講一事，遺憾翻譯者對佛法不了解，無法全面翻譯內容，以致聽眾不甚明白，這是當時來臺法師說法時常遇見的翻譯問題。見東初無事可做，想他能寫一手好文章，卻無用武之地，成一法師因此鼓勵東初可以辦一份雜誌宣傳佛教，把演講說法的內容寫下，讓更多人能懂佛法。東初對於編輯佛教雜誌不但經驗豐富，更慧眼獨具，曾將《中流》月刊辦得有聲有色，於是一口答應，又和成一討論雜誌名稱，成一回說：「太虛大師晚年力倡人生佛教，希使佛教普及人間，大師不幸寄志以終，你是他的學生，應承其遺志，以弘揚佛法，不如就定名為『人生』吧！」

東初一字一句地寫下他的創刊宗旨：「淨化現代人心，建設人生佛教」，以發揚人生佛教真義，淨化人心，安定社會，增進人生的幸福，提高人生生活的理想為旨趣。更欲藉《人生》為喉舌，表達其個人對佛教革新的意見，及對

人生
人生
人生

國家民族之熱望。

其時，東初沒有任何經濟基礎，也無一固定居處，面對每日都有大批軍民逃難來臺，輿論界噤若寒蟬，社會驚惶不安；在如此荒亂的局面中，東初所發行的《人生》，無形中也給予動盪苦難中的佛教出家僧侶一份安定的力量。

既已確定了方向，東初隨即展開籌備雜誌創刊事宜，張少齊及孫清揚二位居士答應支援他的經費，南亭法師也應允按期寫稿，東初則希望成一能負責社務，於是外省佛教徒在臺灣辦的第一份佛教刊物於焉誕生了。

一九四九年五月十日，東初老人於北投法藏寺創辦了《人生》月刊，聘請中壢圓光寺妙果老和尚擔任首任社長，並得到慈航、圓明、守成、成一等諸位法師贊助，由東初老人擔任主編暨發行人，負責實際的編務，以月刊型態發行。

創刊當時，距東初老人渡海來臺不過四個月，正值時局動盪不安的年代，人民生活普遍困乏，溫飽尚且困難，東初老人卻堅持以文化弘法的願心，希望透過刊物能讓一般民眾了解何謂正信佛教，並從佛法中受益。

一年後，《人生》在東初老人悉心經營下，從創刊的十二頁變成二十四頁，外觀愈形亮麗，內容更是充實，成為當時最受歡迎、口碑最佳的佛教刊物，發行通路也擴展到東南亞、東北亞及美國等。為當時佛道不分的臺灣社會，樹立起正信佛教旗幟。以一本月刊凝聚當時佛教人士的向心力，集合當代大師們的智慧雨露，其影響力可謂無限深遠，乃至今日臺灣佛教的蓬勃，各大法師戮力實踐人間淨土的理想，這份雜誌的發起更是居功厥偉。

在二〇〇七年十二月的《人生月刊第一、二卷合訂本》〈重刊序〉中，如此為《人生》做定位：

> 《人生》月刊就像一部臺灣近代佛教史的縮影，與臺灣近代佛教發展關係密切的祖師大德，一一在此舞台上現身，以文字為弘法護法竭盡心力。雜誌中的佛教新聞，為臺灣佛教保存了豐富的文獻史料；詩稿、小說、遊記、散文等文學創作，讀來無不令人驚豔於作者的文采；佛教論文、講經等文稿，則讓我們讚歎其學識淵博及深入經藏的工夫。《人生》月刊，為臺灣佛教留下了最重要、最燦爛的一頁。

3

掩關法藏

東初老人除了自己的法名外，也以各種筆名書寫文章，在《人生》發表言論。九月後，為籌組「中國佛教會駐臺辦事處」，《人生》暫時停刊。

在政府遷臺，人心不安，社會混亂之際，加上大陸方面乘機造謠，使得大陸來臺僧眾，包括慈航、戒德、默如等十幾位法師，無端被誣指為匪諜而身陷牢獄長達百餘日。東初老人以「中國佛教會第一屆常務理事」身分，參與於臺北善導寺籌組成立「中國佛教會駐臺辦事處」工作，並被推舉為辦事處主任，南亭法師任祕書，白聖法師任幹事。因「中國佛教會駐臺辦事處」的擔保，又經孫清揚居士等國大代表、社會有力人士多方交涉，使得受牽連的僧眾，方得獲釋。至此，逃亡流浪的大陸僧侶們，終於有維護他們權益的團體。

星雲法師曾云：「今日本省佛教徒經常感激臺灣的佛教所以有些許的成績，乃得力於大陸來臺的外省籍法師的貢獻；而外省籍法師所以能在臺灣弘揚佛法，則須感謝東初老人的攜來中國佛教會招牌，成立駐臺辦事處，使大家身心有所安置。」

休刊三個月後，第二卷第一期《人生》在中國佛教會理事長章嘉大師，於重慶撤退前隨政府撤飛臺北後的一九五〇年一月十日再度出刊，東初老人並以〈章嘉活佛到臺北〉為文，表示歡迎，並希望章嘉大師以總統府資政身分，請求政府非依法不得逮捕出家人，並協助在臺佛教文化教育工作，禁止寺廟駐兵和軍民強占寺院情事。

章嘉大師來臺後，在臺北以中國佛教會之名召開會議，並做出兩項決議，一是結束「中佛會駐臺辦事處」工作，二是三月一日起，在臺恢復辦公，由南亭法師擔任祕書長，白聖法師擔任總務。

四月二十日《人生》第二卷第三期出版後，再度停刊。這年冬天，奉中國佛教會之命，東初隨同李子寬居士、臺灣佛教會理事長修振法師等，遊歷臺灣中南部各地，對臺灣佛教做一訪察，深入了解各地佛教狀況。

這時，為了可以專心寫作，藉由《人生》的文字般若以弘揚佛法，並避免一切俗緣，多年來一直想掩關自修，深入般若經藏的念頭再度湧起，東初毅然決定假法藏寺，掩般若關，閱藏三年，但仍負責《人生》編務與寫作的工作。

一九五一年一月四日，成一法師等數位道友前往法藏寺，參觀東初新修葺的關房，並聆聽東初說起掩關的動機與目的：「我這次掩關自修，既不專念佛，也不專參禪，我想從如來親宣的廣大經藏海中，探求得佛教真實義理的崇高的圓融的最高原則，以作為將來行世攝化的準繩。同時現代的僧制太不適合潮流，我想根據佛陀的遺教，參合古今大德們的訓示，研擬出一個能夠配合三民主義新中國的僧制大綱，以為將來改革僧制的張本。」

農曆臘月（農曆十二月）初七，佛陀成道日前一天，東初再邀成一法師至法藏寺代寫封條及關額，以備封關之用，又與他討論《人生》復刊事宜，並商請他擔任總經理一職。

第二天，臘月初八佛陀成道日起（一九五一年一月十五日），東初正式掩關、閱藏於北投法藏寺，關名「般若」，前後為期三年。每日除早晚課、閱藏、靜坐、寫作、讀雜藏，會客僅上、下午各十分鐘，睡眠六小時。

當時東初掩關是佛教界中大事，許多教內法師居士皆來祝福，掩關典禮由他的傳法師父智光長老開示法語，並演說般若要義，勗勉：「由文字般若，練習觀照般若，終而早證般若實相，速度世界愚蒙。」

掩關期間，仍筆耕不輟，幾位道友亦護持一切事務，像是成一法師除仍協助《人生》社務外，並代處理關外雜事，成一法師說起這段過往：「我差不多每星期都要到北投去看他（指老人）一次，這是我跟東老往來最密的一段時期。東老做事一向很認真，因此，我也跟他學了不少做人處事的經驗。」

掩關後，一九五一年二月，《人生》復刊，為第三卷第一期，自此每月定期出刊。東初每期皆發表文章，總計他的筆名有：東方、小隱、大隱、子龍、安隱、般若、米勤爾、佛音、威音、苾、山子、無畏、大慈、大庸、子如、大勇、大方、大剛、了空、一音、南方等。

東初老人的徒孫果如法師曾談到：「《人生》雜誌不管印多少，起碼幾千

本是該要的，每次都要花不少錢，雖說大部分文章是老人自己寫的，只是用不同的名字掛上去，稿費可能沒有什麼花銷，可是編輯、校對、印刷都需要經費，然後他的書和雜誌，在那個年代，幾乎都是沒辦法賣的，都是送人家的，所有老人存下的錢，就是在做這個。」

掩關期間，總有道友們前往關房叩關，領受教誨。比如焦山佛學院學生煮雲法師就曾四次前往；還有學生廣慈法師也回憶說：「畢業以後，我們就離開了焦山到臺灣來。比我們先到臺灣的東老，是我們的副院長，我們到了臺灣自然應該要去拜訪他。因那時他在法藏寺的關房裡，我就替他編《人生》。」

一九五一年秋天，演培法師繼大醒法師後，初掌新竹青草湖靈隱寺「臺灣佛教講習」會務，以東初老人為僧伽教育前輩，特來關前禮座，請示僧教育事宜。東初老人以過去辦學僧伽教育的豐富經驗，開示說：「佛教慧命今全繫於寶島僧伽，而教育僧青年尤為當前刻不容緩的大事。但對僧青年的教導，不但是知識的灌輸，更要注重品德訓練，使成德學兼優的僧才！」

此外，朱斐居士因接辦《覺群》與創辦《覺生》，亦數度前往叩關，請教東初老人辦佛教刊物的經驗；楊白衣居士更是常客，大約每月皆去探望一次，與他談些教內教外的事。

一九五二年農曆春節，還在軍中服役的聖嚴法師，也和過去靜安寺的同學，一起到法藏寺關房向東初老人拜年，這是聖嚴法師第二次與他的相遇。

夏天，因東初老人閉關之故，《人生》欠缺編輯，幻生法師應聘擔任，於是時常叩關於法藏寺，關於這段編輯因緣，幻生法師說：「民國三十八年初夏，東老創辦了一份《人生》月刊，我在《人生》上發表過幾篇文稿，他才真正認識我。四十一年夏，我應聘到中佛會幫忙辦理遷臺後第一次改選工作，東老在新北投法藏寺閉關，《人生》月刊無人編輯，他要我去編輯《人生》月刊。中佛會遷臺後第一次改選，那時會員不多，工作非常清閒，我利用在臺北的三、四個月時間，為東老編輯了三、四期《人生》，這是我與東老共事接觸的因緣。」

而對於每次叩關留下的印象，幻生法師也歷歷在目：「東老的關房，在法藏寺的下面（類似地下室），關房門口，對著一個木製的樓梯，凡是去叩關的人，即坐在樓梯上與東老交談。我因編輯《人生》，與東老接觸交談的次數最多。時隔二十多年，那個木梯留給我的記憶最深。」

不過誠如楊白衣居士所言：「東老差人做事從不給人家自由時間，要整天替他工作。因此，他的身邊一直無人幫他做事。」所以後來幻生法師結束編輯工作後，即由其他人接掌。

秋天，掩關時期來賀的印順法師，再度探訪。這期間，印順法師也一方面代為集結信徒，助印刷費，另一方面則為《人生》期期寫稿。

其實每日會客時間，不過二十分鐘，皆匆匆一瞥，更多時間東初都在閱藏，都在寫作，開始他人生創作量浩繁的一頁。這時期，他的作品不僅豐富且多元，有針對佛教時事的，有縱橫經海的，有改革理想的，幾乎關於出世的佛教思想與雜感，或入世的教內教外革新與建設，東初手中的那枝銳筆幾乎無所不包。即使在關內，他對外界的動靜並未失去洞察，反而以一種更客觀的角度，針貶時時刻刻關於佛教的大小事，他化身為佛教文化觀察家、佛教教育理想家、佛教制度改革者，在《人生》抒發獨特而有力的見解。

比如，一九五一年五月，他以筆名「大隱」，書寫〈所希望於中國佛教會者〉，提及中國佛教會：分應做及應準備者，前者，謂應督促臺省分會，對興辦佛學院的議決案，付諸實施；理由有三：紹隆佛種、保存寺廟、興復佛教。後者，即大陸重新光復後佛教應興革之工作：土地與制度問題。

一九五二年五月，以筆名「安隱」寫下〈東京世界佛教會議〉，針對第二次世界佛教徒會議將於東京舉行，僅對我國出席代表人提出幾點建議。❶

六月，以筆名「小隱」，談述〈從佛教立場來促進中日兩國文化的交流〉：中、日兩國和平條約談判完成，特提出以佛教文化促進兩國合作、交流。

九月，以筆名「大勇」，書寫〈大陸佛教的現狀〉；又以筆名「般若」，談論〈東南亞佛教的重要性〉：繼緬北叛亂與越南戰爭後，引起美、英、法三國對東南亞嚴密的注意，特別就東南亞局勢與佛教相互的關係，甚而影響所及，不僅亞洲，乃至整個世界和平評論之。

十一月，發表〈中國佛教代表團歸來〉一文，為出席第二屆世界佛教徒會議之中國佛教代表團，於十月二十四日返抵國門，二十五日歡迎會及會議之報導。又編寫〈第二屆世界佛教徒會議紀要〉。

一九五三年，以筆名「般若」，陸續對〈胡適博士談佛學〉提出看法，另書〈評胡適「禪宗史的一個新看法」〉，又與朱鏡宙居士信函往還論佛法，收錄為〈與朱鏡宙居士論佛法〉。

八月，完成《般若心經思想史》，此乃掩關之初，東初閱覽《大般若經》所引發的研究筆記，除參酌窺基大師《心經幽贊》、慧淨與靖邁的《心經疏》等，並參考日本保阪玉泉基於《心經》所寫的佛教概論，經整理而集成。

十月，以筆名「般若」，發表〈宗教為構成強國的根本〉：因感於日前美參議員諾蘭先生訪臺，於立法院酒會上說：「軍事力量固然可以使一國強大，而農業、教育、醫藥、工業，也同為構成一國強大力量的主要因素；至於精神、宗教與道德力量，更為構成一國真正力量的來源。」東初故為文申論之。

如此三年掩關，看似重複單調的一千多個日子裡，東初老人卻一直在擴大自己的生命視野，壯大自己的佛學內涵，歷來所有大修行者總在閉關沉潛時，回歸自性、回歸內在時，瞥見了無限的宇宙和無限的自己，東初老人亦然。

註釋

❶ 一九五〇年，首由錫蘭（斯里蘭卡）佛教徒發動，於可倫坡召開「第一次世界佛教徒會議」；二十九國派代表出席，以謀世界佛教文化之發揚，並重新奠定世界佛教徒合作的基礎。

第4章

復興佛教

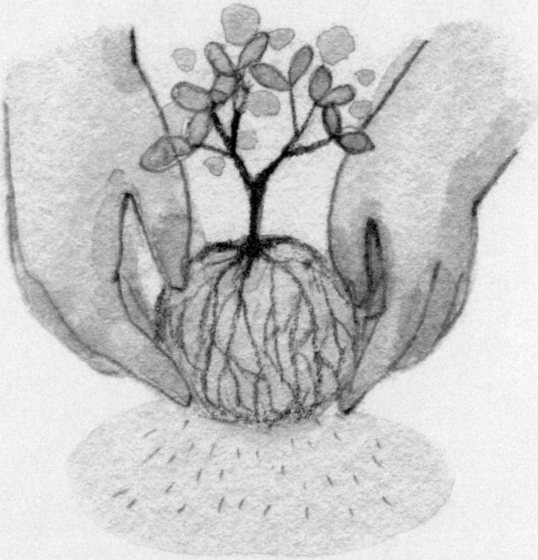

1 創建文化館

成、住、壞、空，這是生命運行的法則，佛教徒藉以自勉無常迅疾，珍惜人生的每一份因緣，日日好日。當一個人走過幾次死亡的經驗，從戰火中，從逃難中，從危陷中一次次死裡逃生，他會更無所顧慮地活出自己，活出生命。

一切終究煙飛湮滅，那是必然的現實，但每個人一生中也終有屬於他的一個輝煌期，說來東初老人的輝煌期並非在焦山時代，那是一種表面的風光，不是靠他胼手胝足自己打造出來的，他是一個耕作出身的農家孩子，喜歡用自己的雙手種出一座自己理想的森林，這才是屬於他真實的成就。

過去心不可得，現在心不可得，未來心不可得。既已不可得，也沒什麼好

失去，巨大長江換作一條淡水河，焦山碧綠，轉為關渡平原與觀音山落日，東初老人不在意那些過去，他只活在當下，且這一刻是他無數日子以來難得能安靜的時光，隔絕外緣，深入般若，他也感覺到自己的翻新、蛻變，更有力量去揮灑、施展，真正飛行在自己的天空，屬於他人生的輝煌期即將展開。

時間似已休止，掩關的日子日復一日，單純的日常，閱藏、習作、靜坐、簡單會客，三年如是飛逝而過，世界被擱置在門外，般若之海如此浩瀚。終於，還是來到了關門打開的一天，一九五四年的一月十日，東初老人出關了；由智光老法師為其說法開關，南亭、太滄、印順、白聖、道安法師等僧俗三百餘人皆來賀喜。

當時這一幕，年輕的星雲法師，也是那時《人生》的主編，全部都記錄下來了：

……法師閉的是般若關，對於《大般若經》曾精心研究，……這三年來的閉關期中，法師對於學問和著作固有了成就，就是三年來看經拜佛的功德，以及增添的智慧和修養，也不知許多。……在出關的日子要到的這幾天，法師的師友，信徒和學生之間，都興高采烈地談著，談的是直接教化眾生，領導佛教走上復興大道有人了。……法師出關的這一天，是一個天朗氣清的好日子，從早上九點鐘起，諸山長老，大德居士，就紛紛地從各地來了。……法師居士三百餘人，十一點鐘時，請智光老法師說法開關，佛前上供，……一片叩頭賀喜聲，不住地繞在法師的身邊，……法師今天出關了，很多人對法師今後如何為佛教打算是非常關心的，承蒙法師慈悲見告，他出關後，負責《人生》雜誌，……同時，法師更希望能建一座住處，容納少數優秀的佛教青年，指導他們研究佛法，因為佛教急需的是人才，佛教青年更需要的是智慧，唯有造就佛教人才，才是復興佛教的根本。

星雲法師用熱情的筆觸，歷歷生動地描繪著東初老人出關的喜悅，甚至在出關儀式結束賓客散去後，天空中現出一輪朗朗金光的太陽照耀著，他也同樣記錄下來了。東初老人的這三年閉關意味深長，也是當年佛教界的一大盛事，如今出關了，是時候可以行動了，他想進一步為佛教界做更大的事。

臺灣佛教受日本統治五十年，受日本齋教和本土道教很大影響，在東初老人看來：

> 代表臺灣佛教的，就是寺院齋堂，捨此似無所有。全省寺院齋堂的數目約達千所，其數目超越正式僧尼的數量。佛教徒的生活沒有嚴格未合乎佛制的規定。在家與出家也沒有明顯的界線，出家不需削髮受戒……甚至……允許娶妻吃葷。……臺灣寺院齋堂雖然相當多，但寺裡內容是空虛的，沒有什麼珍貴文化古蹟及名家藝術繪畫，或是重要的石刻，甚至連古版經書都很少。……故參觀臺灣寺院後，所得的印象，就是房屋，很少能令人仰慕不已的。

這是他初來臺灣，觀察臺灣寺廟深有所感。他不是那種坐著歎息的文學家，而是站起來改革的實踐者，但改革也要有改革的藝術。

較之創建寺院，興辦一所佛教文化館，展現佛教精緻藝術與博大之美，以此洗滌人心，心生仰慕而信仰，對東初老人而言才更是究竟要緊之事，在閉關期間，這樣的想法更徹底堅定了，相較於僧伽教育，文化教育亦是重要的一環，兩者相輔相成，才能興盛壯大臺灣佛教。

四月時分，這份熱切更強烈了，臺灣佛教法寶的空洞闕如，佛教文化事業的百廢待興，「如果我不做，誰做呢？」東初老人捨己的精神，往往來自一股內在的熱切，而非結果的衡量，那些錦上添花的事與他無關，他念茲在茲的唯有佛教文化的復興。

於是，他先向陽明山管理局承租北投光明路幾百坪的山坡地，親自斬荊披棘，搬運沙石，幾番開墾、整理之後，開闢為建築基地，這樣歷經年餘的拓荒整地，隔年二月（一九五五）正式破土，準備興建一幢簡雅平房形式的「中華佛教文化館」，做為推展佛教文化事業、續佛慧命、弘法利生的根據地。

一向果敢明快、見解獨具的東初老人，決定不採寺院之名，而取名為「中

華佛教文化館」，是想走出一條佛教新路，播下佛教文化的苗種，對照當年臺灣的佛教環境，猶如一片荒漠，更需要如此之大膽作為。東初出生成長在戰火頻仍的動亂中國，學佛之於他絕非求出世解脫而已，自身的安樂是不算什麼的，佛法是他的濟世之道，「佛教在此時能做什麼？」永遠是他熱衷的問題。

這期間，適逢慈航法師於五月六日於汐止彌勒內院法華關中坐化圓寂，是佛教界中的一大悲慟，眾人忙於圓滿荼毘後事。來臺之後，原本散置在大陸南北各寺眾家高僧大德，因時代的變遷而在臺灣聚會一堂，反而更凝聚了彼此，從東初老人的出關到慈航法師的捨報，無一不見諸師的熱忱與奔走。

這些物換星移，改變著人心，也改變著因緣。發生在東初老人身上的，還有一件巧妙的事，由於《人生》主編星雲法師屢屢向煮雲法師索稿，以此因緣煮雲常動筆為文；東初老人一向喜受後進者能以讀書、寫作、弘法為務，也因此拉攏了兩人間的距離，特聘煮雲為《人生》的編輯兼南部主任，漸漸消弭焦山那一段不歡而散的遺憾；後因影印《大藏經》，組織「環島訪問團」巡迴全臺弘法之旅，交往更加緊密，東初老人曾兩度向煮雲提及授記之事，與聖嚴結為法師兄弟，雖終究因緣不具足，但在東初老人心中，煮雲早已是自己的法子。

這年東初搬進法藏寺功德堂，自謂：「五年來，四易住址。」那種國破山河在卻居無定所的漂流感，再度襲上心頭，但一心繫著佛教文化館的興建，東初又覺得前程是充滿了光明。

一九五五年，在中華佛教文化館整地即將完成前的空檔，有感於三年靜居關中，對外絕少聯絡，對各地佛教情形較少了解，藉由受邀布教之便，東初與星雲法師、張若虛居士同行，從臺北出發，經宜蘭、羅東、鳳山、高雄等地，完成環島一周的旅行，雖屬是走馬看花，然由於各地山川風景及道友熱忱禮待，使東初老人對於東部佛教前途懷有無限希望，特別星雲法師居住宜蘭年餘，為宜蘭注入佛教新機，令東初老人非常欣慰；一路受到宜蘭念佛會、羅東白蓮寺、蘇澳白雲寺、花蓮東淨寺、臺東海山寺、鳳山蓮社等熱情接待，並邀約說法，還應邀去了花蓮監獄、屏東監獄，為受刑人講經……，東初老人對此行接觸的各地風情、佛教概況，略做報導，同時對於佛教的宣教方式如何與時俱進，他也頗有心得：「過去對宣傳佛法所以不能深入民心，就是缺乏宣傳的技巧，現在是電化世界，必須借重電化宣傳佛法，才能使民眾發生濃厚的興趣。」

佛教十善美好的教義，是社會安定、富足、興盛的根基，亦是創造人間淨土的途徑，佛教從來不會過時，而是每一個時代的普世價值，如何讓佛教走入現代，擴展其影響力，進而成為普羅大眾的精神糧食，是東初想要實現的心願。

二月，「中華佛教文化館」破土儀式後，一幢他心目中的理想宣教弘法根據地慢慢成型了，雖是篳路藍縷，建設維艱，但是隨著一磚一瓦逐漸堆砌而起，東初益發感覺一種築夢踏實的喜悅。

關於中華佛教文化館的開發，東初老人在焦山佛學院的學生廣慈法師如此敘述：「東老閉關的時候，就已開始籌建文化館了，因為他在關房裡面不方便處理這些事務，所以可以說外面的事，都是我在做。挖山的時候，都是我去監督的，我開玩笑說我才是文化館的真正的「開山」。當時，北投山裡面天氣很熱，每天要從文化館跑到法藏寺，又從法藏寺跑下來監督，那個時候又沒有車，都是步行，每天就是這麼上啊、下呀！監督工人去整平那塊山坡地。自從東老出關以後，文化館就開始蓋。我那時人還是住在法藏寺，心悟法師也住那裡，我就把《人生》交給心悟法師編，自己照應文化館的這些事情。」

廣慈法師記得：「文化館建好以後，既然是稱作「文化」，我們就做文化的工作。這時參與的有張少齊、孫張清揚、朱鏡宙、閻錫山，好像還有李子寬等人，這些大老們一起開會商議。臺灣佛教在日本統治的時候，日本人把臺灣出家人的文化水準，壓得非常地低，頂多初中、小學畢業而已，能讀到高中的，十個裡頭沒有一個，我們來臺以後，就想把這個文化水準提高。所以立了幾個構想，一個是辦學，一個是辦雜誌，還有一個是出書刊。因為，那個時候書刊實在太少了。後來請到了一套日本的《大正藏》，這部大藏，日本人花了很大工夫，能請到這部大藏可說相當不容易。當時在臺灣，是沒有藏經的。因此，我們影印這部藏經做為推廣。為什麼用影印呢？因為，排版我們排不起，經費負擔太大了；影印還可以便宜一點，所以就採用影印的方式。」

佛化的開始，以宣揚佛教文化為起步，也以建立正統的佛教規制做為端正風氣的第一步。當時臺灣佛教處於蠻荒時期，出家人未知比丘戒，在家人亦未知菩薩戒，戒、定、慧的律儀無人能帶領，連一般佛事法會的儀軌也莫衷一是。所謂百廢待興，即如是。

一九五二年冬天臺南白河的大仙寺正在舉辦臺灣光復後的第一場傳授三壇大戒，完成以寶華山律儀進行的正式傳戒，是佛教歷史劃時代的重要一筆。那時，東初老人正在法藏寺掩關中，並未參與。一九五五年五月基隆月眉山靈泉寺傳授千佛大戒，盛況空前，融合中國佛教禪、教、律楷模於一堂，臺灣佛教直至今日方正式袪除日化影響，回歸中國正統。

東初在五月《人生》以〈臺灣佛教光復了〉為編者言，記述傳戒盛況：

> 此次靈泉寺四眾弟子約三百餘人，五月六號初壇典禮，臺北、基隆及中南部各地信徒前往觀瞻者約三千餘人，開該寺歷來未有之盛況！……尤為難能者，該寺此次傳戒為第六次，說戒阿闍黎智光老法師，係三江名剎焦山寺退居，……羯摩阿闍黎為證蓮老和尚，係常州天寧寺退院，……

> 首席開堂為中國律宗第一山寶華山教授隆泉法師；一切律儀傳授，皆本華山。……以此為楷模，不難光大整個中國的佛教了。

秋天的金色芒花開了，隨風拂動於山岩或平原，在陽光下更加燦亮。北投的秋天，與焦山的秋天，是截然不同的美，前者是詩意，後者是禪意，詩意和禪意的並融，就是佛教在世間的藝術之美了。

來臺轉眼六年，三年關期且過，重新出關的這一年，生命重新地更新，溫泉暖熱的氣息，農禪田園的風光，面對如此浪漫秋色，東初老人明白許多人以為來臺只是短暫避居，還能返回，但是大陸肯定是回不去了，眼下唯有在臺灣寶島扎根，落實人生佛教的意義。

2 影印《大藏經》

佛教傳入中國後，歷經兩千多年，經典日漸浩繁，經後人整理編輯成《大藏經》，內容十分龐大。宋太祖開寶四年（九七一）敕令開刻《開寶藏》，中國開始有版印的《大藏經》，後歷代《大藏經》，都以宋代《開寶藏》為基礎，元、明、清亦各有不同刻版，最著名的就是清乾隆版《大藏經》（《乾隆大藏經》）史稱《龍藏》，於雍正十三年開雕，乾隆三年竣工。全藏共七二四函，全部經版七九〇三六塊。

此外，近代比較完備的漢文大藏經《大正藏》，全名《大正新脩大藏經》，是日本大正十三年（一九二四）由高楠順次郎和渡邊海旭發起，組織

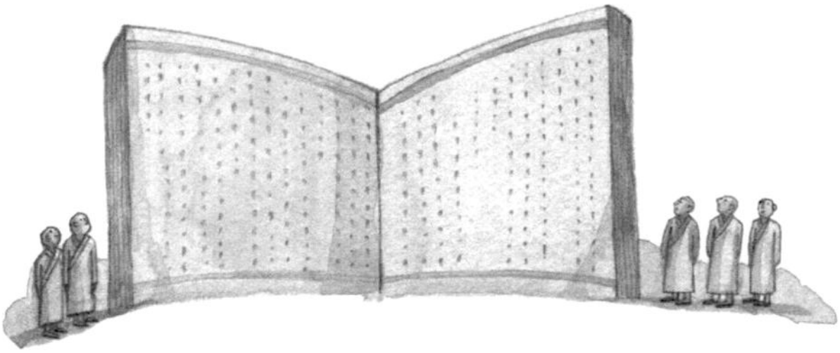

大正一切經刊行會，由小野玄妙等人負責編輯校勘，於一九三四年印行，共八十五函，蒐集一三五二〇卷。

適逢佛誕二千五百年，然詮釋佛陀最殊勝教義的大藏經典，在臺灣卻付之闕如，東初老人決定做一件大事，影印《大藏經》，讓佛陀的智慧深入民間。

此事緣起於蔡念生老居士幾度發表關於刊印大藏文章，但孫清揚居士以為刊印大藏經是一曠代大事，如無政府參與，純屬空談；後來蔡居士又在《中國佛教》第一卷第十二期提出「影印大藏」的倡議，不但大大吸引她的注意，更深得孫清揚居士的熱心響應，對其悲心和願力更加感佩，並願以全力促其成功，唯影印藏經雖須人力較少，但一劃時代佛教大事，仍建議組織一團體專司其職……。

孫清揚居士遂向東初老人提出，得到東初老人極力贊同，他和張少齊老居士毅然挺身而出，於是以中華佛教文化館名義，鳩合眾力，發起影印共一百鉅冊《大正大藏經》，當徵求各方佛教大德與社會名流簽名發起，凡聽此消息者，莫不讚歎同意。這在當時的臺灣（一九五五），實是一大創舉，且須統合各家對版本意見，並非易事。

首先，先聘請陳誠、于右任、章嘉活佛、印順法師等緇素大德成立「印藏委員會」，負責整體計畫章程，接著籌措經費等事宜；並由外交部長葉公超先生，透過駐日大使董顯光關係，從日本空運一部《大正大藏經》做為底本。而主要經費由孫張清揚居士出資，另有嚴家淦、陳誠、于右任、張其昀、張群、錢思亮、俞大維、王雲五等國內政要賢達，約四百餘人參贊發起。在海外亦設立辦事處，做為聯絡接洽。

當時臺灣皆無藏經，而一套藏經價格相當於一棟小房子，所費不貲，如何能推銷出去呢？為鼓吹、宣傳此影印《大正大藏經》的殊勝功德，並遊勸各寺預購、助印，以便將來廣布法音，所以佛教界組織了一個「環島訪問團」，敦請南亭法師任團長，星雲法師為隊長，煮雲、廣慈法師為顧問及宜蘭念佛會歌詠隊、弘法隊等熱心參與，展開為期四十天環島至臺灣兩百七十八個縣市，四十多間寺院演說勸導，自一九五五年九月十七日出發，至十月二十七日返回臺北。每到一處，都在廣場上，由星雲法師弟子教唱兒歌，再由南亭、煮雲二師輪流宣講佛法，再放幻燈片，觀賞者動輒數千人，最後再勸購《大藏經》。因印藏的事緣，促成佛教大團結，佛教長老與四眾弟子皆協心同力，為達使命而全力以赴，說起來真是當年的一大盛事。

南亭團長在一篇〈寫在環島宣傳以後〉寫下此行受歡迎的歡樂片段：

一到晚上，擴大機一響，宣傳員的小姐們，教歌，做紙戲，獨唱，齊唱，合唱，演講，放幻燈片，他們樂了，我們也樂了。他們因為愛聽佛法，歡喜見到和尚，要想挽留我們多住一天也不可得。

此次影印《大藏經》相當成功，特別看見了寶島臺灣對佛法的熱忱，愈窮的人愈能發心，有小公務員、尉級軍官、士兵，甚至小學生，都用盡量節省的辦法，獨資或合資來助印一部藏經。這種強烈的希求心，足見臺灣人是有福報的，這年十二月起，《大正大藏經》開始按月出版，總計一百冊，每月印出兩冊，前後歷時四年餘。

在文化館即將落成前幾個月數，東初老人偶一靈感，想在館內供奉一尊玉佛，做為鎮館之寶，緬甸盛產精美玉石，名聞世界，因此東初函請駐錫緬甸的樂觀法師代為募化。樂觀法師便寫了一封信親送緬甸全國佛教最高行政機構——緬甸聯邦佛教會，請求捐贈，並說明是臺灣佛教最近修建一所具規模的佛教文化館，需此玉佛，俾使臺灣信眾能朝夕瞻拜。結果得到緬甸聯邦佛教會的欣然應允，後來要贈送的白玉石佛像因石質欠佳，而文化館開幕在即，無法重刻，便改贈緬甸古代銅佛一尊，比起玉佛更加珍貴，並於一九五六年一月七日，假緬甸和平塔大石窟舉行交接儀式，三月十五日空運抵臺，東初與章嘉大師、南亭法師、李子寬居士等與五百位各界教友，親臨機場恭迎。

東初亦以「中華佛教文化館」名義，禮尚往來回贈一部《大藏經》給緬甸聯邦佛教會，由樂觀法師代為處理。第一次贈送「正藏」五十五冊，花兩年齊全，於一九五八年十二月二十六日，雙方舉行隆重的交接儀式，我方禮請緬國九十高齡宇板帝沙大國師揭幕，緬方則由緬政府副總理兼外交、宗教等五部長宇登貎代表接受。第二次贈送「續藏」四十五冊，於一九六二年十二月二日舉行儀式，兩次都在緬甸轟動一時，為臺灣做了一次成功的佛教國民外交。

終於，中華佛教文化館在眾所企盼中大致竣工，於一九五六年四月二日舉行落成典禮，館長東初老人特邀章嘉大師啟鑰，智光長老開光，孫清揚居士揭幕，佛教界諸山長老及法師、居士，以及社會賢達等約五百多人前來觀禮祝賀，章嘉大師、道安法師、陳靜濤居士分別演說，對東初來臺後為佛教文化的努力，發行《人生》月刊，影印《大藏經》偉業及中華佛教文化館艱苦創建，迎請緬甸古佛等將中國佛教的光芒綻放於臺灣、世界表示讚揚。隆重典禮後即舉行藥師佛七法會，佛七圓滿日即佛陀誕生兩千五百年殊勝紀念日，五百多位信眾前來參與，可說是熱鬧空前。

中華佛教文化館既已落成揭幕，正式運作，夏日時分，創刊以來，一直借用北投法藏寺為發行所的《人生》月刊，也於一九五六年七月起，遷址至中華佛教文化館，繼續為廣大佛教徒服務。

為使中華佛教文化館的推展觸角延伸到藝術界，一九五七年六月十二日，東初延聘當代藝術家莊嚴、羅吉眉、姚夢、胡克敏、楊英風、周揮彥、蔡念生等人，成立「《中華佛教美術》編輯委員會」，向各方徵求、搜集資料，計畫出版八部四輯，期望讓更多人見識到中華佛教藝術之美。經過一年多來的籌畫，於一九五八年七月，順利出版《中華佛教美術》第一輯「繪畫部」（分上、下二冊）；總共收集一百七十五幅佛菩薩像，上起唐代，下至現代，名家手蹟大致都網羅其中。

一九五八年三月，《大正大藏經》五十五冊「正藏」，共八百部，已全數出版齊全，算起來前後共歷時兩年四個月。這項鉅獻的完成，讓「印藏委員會」更有信心，決定進一步影印《大正大藏經》「續藏」四十五冊，準備八月開始出書；也因此再度組織「環島訪問團」巡迴全臺宣傳，這次由煮雲法師擔任團長，成一法師為隊長，廣慈法師任總幹事，星雲法師為顧問。

《大正大藏經》「續藏」在一九六〇年八月底出版完畢，共五百部。如此歷時五年，共一千三百部耗資新臺幣四百萬元的「正、續藏」兩編，業已完成。十一月四日，為了紀念印藏大業圓滿達成，東初老人於文化館再啟建「印藏紀念堂」，一方面彰贊助緇素功德，一方面收藏經典，再者供人閱覽外，也做為培植佛教人才的研究處所。

他於〈印藏感言〉一文表達：

此藏經之印行，實即奠下佛教文化新興事業之基礎。所負文化使命，佛教文化之發揚，乃「中華佛教文化館」命名之初衷。

一九六一年四月三十日，「印藏紀念堂」落成，並請智光長老主持懸額典禮，匾額「印藏紀念堂」五個字是由梁寒操先生親手所書。本著宣揚佛教文化立場，繼續搜集佛教圖書及出版、編譯整理佛教文獻工作。

3 捨得捨不得

一九五六年農曆八月十一日，東初老人的父親春槐公往生，享年七十八歲。人生的種種離別，儘管難忍、難捨，但生命是無限永恆，唯有實現了此生的價值，方可超越所有的娑婆之苦。

在《人生》創刊號編後語，東初老人這樣寫著：

不厭世，不求個人解脫，只基於人群社會需要，應如何做人、應如何完成人生所有善行，保持人生行果不失，人類社會有了完美人性為基礎，再進修大乘佛教的德性；研究做人的方法，將成為本刊唯一的宗旨。

人生，就是學會好好做人，唯有確實去做善行，才能修自己的福報，沒有福報，做人都有危機了，何況成佛。

眾所周知，東初老人一向節儉，連一塊豆腐乳都要分兩餐吃，文化館最好的菜是一碟炒花生及一盤白水豆腐；從他年少出家跟著師父趕經懺，到中年擔任焦山住持，一樣都為維持寺院生計耗費腦筋，所以一般人總以為東初老人「為人精明，不易相處」，「精明」就是來自於他節儉成性，必須處處斤斤計較、量入為出，「不易相處」就是他東大砲直言不諱的耿直性格。

東初老人對金錢和學問其實有一套自己的哲學，他曾對來文化館請教「因明」並皈依老人的方甯書居士說過，對金錢的態度是「口袋裡要有，腦袋裡要沒有，如此，則不生煩惱，能省則省，當用則用」；對於學問的態度是「腦袋裡要有，嘴巴上要沒有，如此，則免遭非議，水到渠成，實至名歸」。

而張曼濤居士則這樣形容：「他善於做事、理財又善於弘法利生，即因老人能看穿現實，對於入世、出世的外相均不執著，所以才能充分運用現實來弘法利生，也不會流於自了漢的修行。」

所以對東初老人來說，人生沒有什麼捨得或捨不得，唯有雪中送炭的溫暖，就像一九六一年某日，他到臺中剛落成的慎齋堂小住幾日，在返程途中，暗地塞了四百元紅包給同行的煮雲法師；煮雲怎麼推也推不了：「老人的脾氣是很強的，他不想給你，你怎樣也要不到；如果他要給你，任你如何推，也得收下。對子孫也是這樣，你有辦法，他就不管。總之，老人是不做錦上添花的事。」

中華佛教文化館開啟後，年底時東初特地開闢一間專室，設立「閱覽部」，無條件開放給大眾閱覽，他就是喜愛別人讀書，因為他就是一個讀書人。

他也決定了從這年冬天（一九五六）開始，每年定期舉辦「冬令救濟」活動，讓善成為一種無限的循環。東初深覺：「佛教以慈悲為本，未能表顯於行動，故決意發動，邀集佛教四眾弟子打佛七，順便募集冬賑米……。」看見窮困人家孩子，無衣可穿的艱苦，他還透過「檀香山中華佛教會」的智定法師，勸募了舊衣物，由「大陸災胞救濟總會」商請赴美國接艦的海軍艦隊運回臺灣。

於是，「冬令救濟」慈善活動便從最早五十戶，每戶八斤米開始，又增加了衣物。後來發放地區除北投一帶外，慢慢擴及淡水、三重、宜蘭等貧戶，以及桃園無依的軍眷、新莊的痲瘋病院、臺北市空軍育幼院等等。發放之前，東初都親自率領眾人念佛、繞佛，並開示佛法，普授皈依，如此財法兼施，讓窮人家也有機會學習佛法，從佛法中改變自己的命運。

文化館鑑心長老尼回憶此事說：「在冬令救濟活動之前，米店會把米先包好，一包是八斤。時間一到，從區公所拿貧民戶資料，我們去邀請他們來，或告訴他們一下，先發給最貧窮的人。剛開始辦的時候是發五十包左右。我們會告訴米店要準備多少米，米店包米的袋子上會寫著『阿彌陀佛』。剛開始一級貧戶才有，後來才發放給二級貧戶、三級貧戶。從區公所拿到的名冊裡，有些人家是為了省稅金的。我曾聽人家說，有些人家並不太窮，但是若登記為貧民戶，稅金可以省很多。當時如果要化緣米，每天早上就請米店送過來，附近旅社也都知道冬令救濟這件事，願意贊助，說時間到了儘管叫人去拿錢就可以了。一開始辦冬令救濟，不知道大家信不信佛，還不敢要大家拜佛，後來才漸漸鼓勵大家拜佛。」

在日記中，東初老人曾寫道：「近五年來，自堪告慰者有兩件事，一是正、續兩編《大藏經》完成，一是每年冬賑舉行。」

而在一篇抒發雜感〈施衣記〉中，東初老人更有感而發：

……吾人在此足衣足食，苟有一分能力能辦點有利於人者，無不樂意為之，此為東（老人自稱）施衣之宗旨也。在此時此地，吾人能化有限之糧，結多數人緣，收無窮之效果，殆為慈濟事業耳。所以余從四十五年起，每年冬天施米施衣，均抱此種宗旨，不求人知、不求有功德，求於心無愧耳！六年來，東此心恆覺力不足，此外心想要做者多。常言之，「取之於社會，用之於社會」……。

常常在例行佛七與冬賑時節，引發東初老人的憐憫之心：「天寒歲底，貧苦人心境更加淒涼，……貧患隱伏在社會群眾當中，又怎能使社會安定呢！」

4
剃度聖嚴

從過去的僧伽教育推行，到現在佛教文化和社會慈善的落實，東初老人很鮮明地擘畫自己佛教事業的主軸，未來也一直往這三大方向繼續前行。然現實裡，東初來到半百五十年紀（一九五七），後繼卻無人，他還在尋找可以交棒的人，而要成為東初接棒人也要經過他一番嚴格考驗，非一般人能夠勝任。

一九五七年六月起，尚在軍中服役的聖嚴法師，接受昔日靜安寺同學，也是目前《人生》主編性如法師的邀稿，開始以「醒世將軍」筆名在《人生》發表文章，首篇：〈人從何處來？又往那裡去？〉，這是每一個生而為人的大哉問，醒世將軍從科學角度、基督教角度娓娓道來，最後從佛教角度談到「『三世因果』、『業感緣起』兩個原則，將人生生來死去的問題，輕而易舉地解答了……。」文筆流暢生動，且思路清晰，邏輯明白，頗能契入普羅大眾所關注的生命課題，後陸續又發表多篇章，逐漸引起佛教界的矚目。

當年那位「常進」學僧為了避難臺灣，只好脫下僧裝換戎裝，隨著國民黨軍隊撤退來臺，成為一個上等通信兵，從北投到新莊、淡水、大直、士林、金山……輾轉駐紮。上回東初老人在關房時，他曾和靜安寺幾位同學去法藏寺探望拜年，連名字還沒來得及告訴老人，僅在關房前樓梯口拜了一拜，一群人便離開。後來聖嚴法師到宜蘭受訓為文書上士，又被調到高雄，開始大量閱讀、創作，也常和鳳山蓮社的煮雲法師往來，不久又調到新店，與臺北佛教界接觸更多，也因此開始發表文章。

身為《人生》發行人的東初老人，當然也慢慢注意到這位醒世將軍的文筆，寫文章的人對於能寫文章的人總是特別愛惜的，更何況是青年才俊。

一九五八年最特別的一次因緣際會，或說是久別重逢，是東初老人和聖嚴法師師徒兩人終於正式見面了。

那是在臺北新公園舉行的佛誕節（農曆四月八日）慶祝大會，透過性如法師的介紹，聖嚴法師第三次和東初老人見面。那時「醒世將軍」已經是《人生》的主要撰稿人，不同於前兩次匆匆一瞥，這次會面東初老人對聖嚴法師印象深刻，再三邀約至文化館小住。

聖嚴法師在《歸程》描述了這段：

那是在臺北市新公園的音樂台前，浴佛大典尚未開始的時候，是由於我的同學，當時《人生》月刊編輯性如法師的介紹。東老人為了助成我的出家，盡了最大的努力，他自民國四十八年六月下旬直到同年的十二月中旬，一直在為我的事情費神，也一直在為我的事情操心，他給我安慰和祝福，當我每遭挫折之時，他必給我鼓勵，我到北投去拜見他的時候，往往也會送我百呀八十元的零用錢。對於一個與他毫無淵源的我來說，這實在是一件難能可貴而銘感不已的事。

而東初老人初識聖嚴法師，看著身受慢性風濕病之苦瘦弱的他，心忖：

「原來這就是寫一手好文章的醒世將軍！」他可能還不知道先前的兩次一閃即逝的因緣，但惜才的心情已油然而生。

當時因病半休，準備申請退役再度出家的聖嚴法師，希望再拜一個剃度師父，一開始性如法師曾向東初老人提出，表明聖嚴法師退役後，重新出家的話，希望能給老人做徒弟，東初老人回應：「我對收徒弟一事，並沒有什麼興趣。」後來隆根法師也代向東初老人提起，他還是說無多興趣。

這其實是東初老人保留的一個觀察期，在聖嚴法師還為退役無法順利辦成而憂惱時，東初老人不時給予寬慰，其實如當年演培法師對聖嚴法師所說：「現在由你選擇，臺灣的大德法師，誰都會樂意成就你出家的。」

後來，在恩義的原則下，聖嚴法師仍請求東初老人成就其出家之願，一九五九年農曆十二月初八，俗稱臘八節的佛成道日，聖嚴法師於東初老人座下再度出家，並賜臨濟宗法脈字號「慧空聖嚴」。

東初老人取此「聖嚴」法名，意義是「以聖教莊嚴佛法，以聖法嚴飾身心，用聖德嚴淨毘尼」。而從聖嚴法師於農曆十二月初一改裝日起，東初老人便教示他說：「我的師父曾經傳我一句話，現在傳給你：『當好自己個人的家，便能當一個寺院的家，能當好一個寺院的家，就可當天下眾人的家了。』」做為傳法的訓勉與格言。

東初老人「當家」的本領，就是勤儉持家，一如聖嚴法師後來所說：「他（指老人）不論買什麼東西，都會討價還價；甚至乘火車、上巴士、坐計程車，都能少花一點錢。他的意思是能夠少花，就等於為常住增產，為施主惜福，能夠使商人減價，就等於成就商人布施種福。」

至於對其子弟的經濟教育，則是「自力更生」，以「養蜂」方法，而非「養金絲雀」來教育子弟；「養蜂」是讓蜜蜂自己去採花粉釀蜜，讓人食用；「養金絲雀」則是提供食料，到後來金絲雀已經喪失在大自然生存的能力。東初要弟子們自己設法解決自己的問題，必要時，才給予援助；因為他認為接受布施與布施給人，都是一種結緣；唯有培植自己的緣分，來解決自己的問題，才是最可靠的。

一九六〇年一月，聖嚴法師已然辦妥退役手續後，慨然對東初老人表明：

「這一次，我要好好出家地立志，做一個像樣的出家人；否則，我便對不起協助我的人。」但東初老人卻說：「對不起人家是假的，對不起自己才是真的；一切要對自己的責任與身分有交代有成就，才是立志的目的。」

因性如法師辭去編務，從這月開始，聖嚴法師即接掌《人生》主編工作，聖嚴法師接下主編後，東初老人就很少親自動筆，乃至連《人生》社論，也是東初老人口授，由聖嚴法師執筆，往往只提示幾個要點之後，便囑咐他自行為之。對教內事，也要他發出不平之鳴，東初老人的理由是：「大家不管閒事的話，佛教界豈非黑白不分了嗎？」

當時聖嚴法師出家時，身體健康尚未恢復，東老要他多做事，多積福分，祛除違緣障礙，才能承擔大業；在聖嚴法師尚未改裝之前，東老原意要他出家後放下一切，少寫文章，多看經，多懺悔，並找一個靜修道場先靜養一段時期，只是聖嚴法師尚未改裝，就已經接受《人生》編校工作，聖嚴法師在中華佛教文化館先後僅待了兩年時間，接受老人嚴苛的考驗與淬鍊，後來告假南下，踏上自己的悟道之旅，那是一九六一年年底，十一月十二日的事了。

第5章

新的紀元

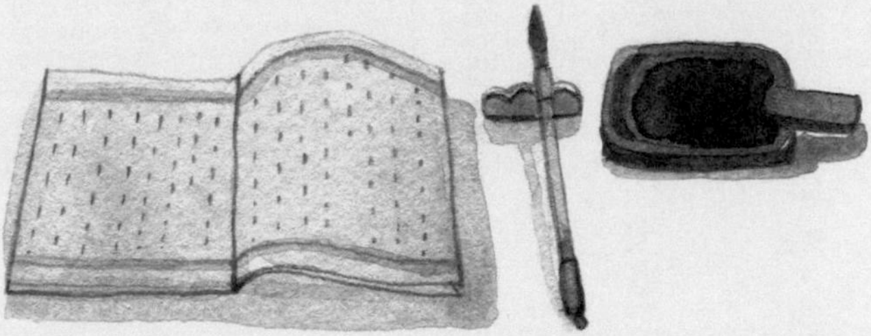

1 出版藍圖

一九六〇到一九七〇是臺灣接軌國際，經濟發展與社會繁榮關鍵的十年，一切欣欣向榮，充滿朝氣。

擺脫一九五〇年代政治的不安與擺盪，之前日治時期的基礎，大陸來臺的人才、資金與美援，使臺灣經濟逐步起飛；加上政府實行地方自治，實施三七五減租、公地放領及耕者有其田等改革制度，穩定了農業發展。

到一九六〇年代，臺灣經濟更以加工出口為導向，藉由土地改革，帶動了民營企業和工商業的現代化發展，加工廠和大量勤勉廉價的勞工，為往後臺灣奇蹟撐起一片天。

在這樣時代的氛圍中，東初老人持續推動中華佛教文化館的佛教事業，繼

影印《大藏經》後，也陸續出版其他佛教巨作，《人生》已放手交給聖嚴法師編輯，他自己從雜誌方面批閱佛教時事的費心，轉為書籍出版深耕佛教文化而努力。東初老人深諳雜誌是現象式的，書籍則是深入式的，兩者互為表裡，同時並進，就能為佛教文化寫下時代的記憶，延續精髓下去。同時佛教文化不能孤芳自賞而已，還要能與世界接軌，同步邁進，如此中國佛教文化才能走向世界，與世界各佛教文化共同活絡、更新整個國際視野，現代佛教徒也可以是一個具有國際觀的無國界者。

這些醞釀，在早年閩南佛學院時期，經常奔走國際的太虛大師，就已經為他的學生們注入這種現代佛教觀點，但東初老人更明白一個重點，邁向國際不代表趕時髦，應該具備真材實料，充實自己並做好充足準備，在後來臺灣佛教界流行一股美國風，東初老人曾以「做大夢」形容：「要向外國人弘法，必須要有英語、英文知識，我不反對去美國弘法，只是不贊成去美國出呆相。」

對佛教文化出版的新願景，東初老人也一直以國際觀、世界佛教觀，來實現擘畫自己的出版藍圖，中華佛教文化館所涉獵涵蓋是縱橫寰宇，既是中國佛教的古往，也是世界佛教的今來。

一九六一年六月二日，初夏的北投，蟬聲自山林回響，與溪澗共鳴成曲，東初老人收到一份由日本輾轉寄來的禮物——《望月佛教大辭典》，令他格外欣喜。這份遲來的夏天的禮物早在抗戰時期，他就想買了，卻苦求不得，近年由蔡念生老居士探聽到京都有此版本，終於託蔣君輝居士在日本請得。

東初老人十分開心：「此為十數年前欲購者，一旦得之，何其舒快！」更進一步想翻譯為中文，於是邀請了楊白衣、李世傑、李孝本、李添春、孫美枝、王進瑞等居士共同商議翻譯事宜，擬請蔡念生居士負責譯稿、潤筆工作。

與此同時，原定六月底出版的《禪學大成》套書，卻因天氣太熱，製版走樣，故重新製版，延至七月十五日出版，此書為日人編輯，搜集中、日、韓歷代禪師名著，共計一百一十四卷禪宗著作，是當時禪學中最完善的讀本，可讓佛教徒們一窺禪宗大德之面目，體驗「迢迢青松道，冉冉寒雲結」無限禪意。

為了《望月佛教大辭典》翻譯出版一事，七月三十一日，東初老人更應李世傑居士的邀請，同赴臺大圖書館參觀該館藏書。此行東初老人收穫甚豐：

望月佛教大辭典

「雖屬走馬看花，但獲益良多，對今後吾人於佛教文化事業方面有極大幫助，影響吾長期考慮想要做的工作——翻譯《望月佛教大辭典》，經此參觀後，擬先選譯《國譯大藏經》及《國譯一切經》，定為『中華佛學叢書』。」

為此計畫，九月東初老人聘請李添春、李世傑、楊白衣、李孝木、孫萬教、曾景來、王進瑞等日文佛教學者為編譯委員，著手搜集相關資料，首部編譯《世界佛教大年表》。不過後來因經費預算不足，終究告吹。

秋天時，硫磺溫泉的蒸氣裊裊而上，形成一片迷濛。平時深入經卷文章之中的東初老人，除了文化館一年兩場大型法會——農曆七月長達一個月的地藏法會及臘月上旬七天的佛七外，絕少涉外。這年秋冬倒是有幾場特別的出訪。十月七日，棲止香港荃灣鹿野苑的明常老和尚，率領香港華僑觀光團來臺，東初至松山機場歡迎。隔日接待在文化館用齋，成一、太滄、妙然、少齊等法師居士皆來與會同歡。為盡地主之誼，二十日，與明常、悟一法師陪同這些港僑們，一起前往花蓮參觀壯麗險峻的橫貫公路風景。

秋末，成一與妙然、星雲、廣慈及煮雲等諸位法師，在善導寺齋後提起組團到金門勞軍，因正好是八二三砲戰三週年紀念，而佛教界尚未去金門勞過軍，於是公推成一法師為總幹事，並推請南亭長老為團長，東初、道安法師任副團長，一群佛教菁英於十一月四日至六日出馬前往金門勞軍。此行募得十萬元新臺幣，訂購五千只熱水瓶及三大箱佛書，在國防專機接送下，到金門各處防地訪問，晚施放瑜伽燄口法會一堂，超度八二三砲戰陣亡的將士，同時舉行消災法會，為金門所有軍民祈福，還至各軍醫院慰問傷兵，這是佛教界首次前線勞軍活動，撫慰當時戍守邊防的軍士心靈。

金門歸來後，十一月二十日，東初老人有感於「要佛教世界化，則英語更不能少」，所以把三十年前曾學三年的英文，再從發音學起，自慨：「真是八十歲老翁習吹鼓。」

因應著時代的變革，與時俱進，在五十知天命的中老年紀，東初老人依然精進自己，為邁向國際而準備好自己的真材實料，他不願落入「做大夢」的口頭禪，而以實際行動實踐他的人生夢想。

2 師徒離去

在一九六一年九月十日出版的第十三卷第九期《人生》最末，有一段「聖嚴懇辭本刊編校啟事」，內容載明：

一、聖嚴以一行卒之身，而得本刊發行東老人援手接引，始克重行披剃，返回僧團，復蒙提拔而為本刊編校；尤以出家之師僧，乃為聖胎之父母，深恩崇德，雖期塵劫，猶難盡報。

二、茲為發心求戒，戒期在即。佛制比丘出家，最初五夏學戒。聖嚴業深障重，學佛近念載，出家已兩度，未嘗真有所學所得，故於求戒之後，擬作數年靜居修習，尤其體弱多病，亟需求一休養之機。因此懇辭本刊編校，一俟病體康復，學行稍有所成，當再力報援拔剃度之恩。

三、自接本刊編校，忽已年又九月，此其間，受自恩師東老人之教誨訓導者固多，得於作者讀者諸師友之支助鼓勵者，亦復不少，臨去緬懷，不勝依依。

四、本刊將有更為適切之編校，盼諸師友，一本已往之熱忱，繼予多方之協助，聖嚴感同身受。

聖嚴法師隨東初老人出家之後，除了為文化館編輯《人生》月刊，另兼做東老祕書和其他雜事，東老經常對聖嚴耳提面命：「你已三十多歲，正是做事成就人的時代。」同時也常強調：「你的智慧已夠應付得過，就是福報差點，要多做事，多培福澤。」

如此師徒相處一年半下來，對二度出家的聖嚴法師來說，首要的是受戒，再者是自修；而且他的志向是以讀書、寫作為主，早在他改裝之前，為了以後便於師徒相接相處，聖嚴法師曾向東老提出四點自己的願望：「一、我的身體，一向不好；二、我將盡心盡力為文化館服務；三、我將來希望到其他地方住住，願師父允許；四、我將來希望多讀一些佛經，多用點修持工夫。」

東初老人聽後，回答：「三分師徒，七分道友。你已不是小孩子了，一切均由自己作主。」

在山青水秀的北投公園風景區安住近兩年，潺潺的溪水從眼前流逝，大片濃綠的樹林呎尺之間，聖嚴法師的身體略有好轉，但看經、寫作仍感吃力，編雜誌與其他雜事占去大多時間，他無法安靜下來做自己真正想做的事情：「有一個門戶，就有生活，有生活，就有必須的應酬，如果師父他老人家在裡裡外外的忙，縱然不叫我做什麼，我非禽獸，豈能安心？」

在學業及德業未完的自我期許下，得知道源長老將於一九六一年農曆八月傳三壇大戒，聖嚴法師便決定先前往受戒，戒期從九月十二日進堂至十月十二日圓滿，整整三十天，十月十九日晚，聖嚴法師回北投小住幾天後，幾番轉折，在複雜的心情下，仍向東老頂禮告假，收拾好簡單的衣單，於十一月十二日南下高雄美濃朝元寺閉關自修。

對於東初老人來說，聖嚴法師的離去，當然是非常傷心的，東初老人那時僅聖嚴一名徒弟，且度其出家的目的，也是希望彼此可以攜手前進，後繼有人接手擘畫的遠景，他希望聖嚴法師可以協助自己實現理想；這一年二月八日自巴西歸國的張伯英居士與他見面時，也提出巴西當前情況，為使西半球的眾生有聽聞佛法機會，東老因此心中也立志赴巴西開發新的天地。但聖嚴這一走，等於無法承擔文化館日益擴展的弘法事業……。

然則面對求法殷切的聖嚴法師，東初老人又無法苛責什麼，自己當年在焦山的那一段掙扎，他是可以理解聖嚴法師的心情，就像自己的孩子即將遠颺一般，既是難捨，又無法不讓他獨自去走一條自己的道途。在送走聖嚴法師前一天，聖嚴法師向東老告假，他用愉快的神情做了簡短的開示，還給聖嚴法師一些錢做為生活所需。隔天聖嚴法師離開時，東初老人送他到大門口，未說一句話，站在門口，一直目送著聖嚴法師漸行漸遠，聖嚴法師幾次回頭，看見自己的師父都還在門口佇立著。

十一月後，因主編聖嚴法師南下美濃朝元寺掩關之故，一時找不到適當人選繼任，東初老人只好忍痛將《人生》停刊。《人生》自創刊以來，主編幾經更換，計有東初、張少齊、圓明、星雲、廣慈、幻生、心悟、清月、性如、聖嚴等法師。這是該刊發行十三年後，首次停刊。隔年（一九六二）三月由聖諦法師編輯二、三期，五月出版第五期後，還是暫告一段落。直到東初老人圓寂後，聖嚴法師於一九八二年八月以小型報紙形式復刊，之後再恢復雜誌風貌。

一九六二年對東初老人而言，內心是感傷的一年。二月時，他的兄長海晴來信說：「母親尚在，只欠營養。」在農曆九月二十二日，自己虛歲五十五誕辰日時，逢此母難日備懷母恩，他特別函請嚴寬祜居士代購大米、奶粉、香油寄回大陸的俗家，而送走徒弟聖嚴，更覺冷清，自己的付法師父智光長老這年也一直生病著。

年底十二月二日，第二次贈送「續藏」齊全，緬甸已是革命政府，原來的「緬甸聯邦佛教會」也改為「緬甸聯邦革命政府佛教整理委員會」。送經儀式便由委員會組織「迎經代表團」，成員為緬甸文化界著名作家等九人。

贈藏儀式圓滿後的冬冷時節，智光長老還在病中，一日東初老人夜夢焦山齋堂大樑斷落，醒來時，他心中暗忖，這一回智老恐劫數難逃。

智光長老生病已有一段時日了，吃了中西藥皆無效，秋天到中心診所就醫，冬天又轉到臺灣療養院，病情都沒有起色。自從智光長老生病以來，東初老人每日或間隔一日必定會去探望。

一九六三年農曆年關前後，智光長老已經虛弱不堪，病情危篤，二月二十一日，東初到華嚴蓮社探望智光長老病情後，知道智老可能不久人世，偕同成一、星雲、曾子南、李世傑等到內湖各寺去看墓地，為長老身後事預先張羅，還寫了一封限時信給聖嚴，僅兩句話：「智老人病危，希速歸為要。」

二月二十四日聖嚴法師北上，探望一向疼愛他，也是傳授他沙彌戒的慈愛長老，東初老人要聖嚴多陪智老，可以的話為智老編寫一部年譜，但智光長老堅決不要，謙稱：「人家是年年有事，所以要年譜，我是年年沒有事，所以不要年譜。」

不久，智光長老精神又忽然慢慢好起來，不用人扶也可以走路，這其實是迴光返照，三月十四日（農曆二月十九日）早晨七點多，東初老人即接到智光長老圓寂於臺北華嚴蓮社的噩耗，享壽七十五。

東初老人想起恩師在病中曾對他說：「一生最有關係並甚感寬慰的，就仁山、常惺、靄亭、南亭與你。」

思憶著與智老的種種，隨擬一則輓聯做為懷念：

三十載侍從，至行嘉言，親承面訓，法乳深恩猶未報。一二日揆別，悲天宏願，遽肢塵寰，家山再建定重來。法乳感深恩，方期同返家山，再振宗風，承薙緇林推重望，詎料遝歸佛國，追懷化雨想音容。

三月二十七日，在智老圓寂的二七日，為報達法乳深恩，東初老人邀請諸山和諸位護法百餘人，舉辦一場祈願會，並成立「焦山智光大師永久紀念會」，籌畫《智光大師與五十年來之中國佛教》，後改題《智光大師與中國佛教》紀念專刊，於四月十五日印行出版。

因智老遺產處理問題，東初老人有感而發，在日記中寫下：「在我的遺產中，一、百分之二十為文化館生活基金；二、百分之六十為興辦僧教育基金；三、百分之二十為佛教文化事業基金。」

從一九三四年焦山一會，開啟了師徒緣分，到一九六三年智光長老的捨報，一起經歷焦山歲月，又一起逃難來臺，從在大陸到來臺灣，師徒倆一直為復興佛教而努力不懈，今日智老的辭世，對東初老人而言，難免感慨萬千。

3 愛國愛教

面對時間的無情流轉，東初老人全心投入著作，他還有好多尚待完成的佛教出版計畫，近年來，他體認到「歷史是一切文化的起源」，對佛教歷史的研究產生極大的喜愛，重新編寫佛教的史軸，是他後來的創作重心，但首先開始整理自己的論述著作。

一九六四年夏天，他邀請佛教界知名作家陳慧劍來文化館一敘，委請他將先前報章刊物所登載的文章與《人生》社論關於時事方面的發聲，編輯成《佛法真義》、《民主世紀的佛教》、《佛教文化之重新》三本佛教論述專集。陳慧劍為佛教雜誌寫稿多年，也是《人生》的作者，由煮雲法師接引拜見東老，遷居北投後，更常往來，偶爾東老杖錫登訪，問候日常。在東老的請託下，陳慧劍承擔此三書的編輯工作，做為《人生》停刊後的彙整集結，以示讀者。在陳慧劍眼中，東老是「佛教界的學者」，是「高級知識分子」，能夠將佛教出版帶入現代，而非墨守「人情推銷」及「功德助印」印贈成規，反而將佛書打入冷宮。

佛教如何革新，如何現代化，是東初老人一貫的追求，在《佛教文化之重新》自序中，東初老人也提出自己出書的想法：

幾年前，許多同道們，要我把以往發表的文章，編輯出版，供人閱讀。這種善意的鼓勵，自是十分感激。然總覺自己所寫的東西太膚淺，那有出版的價值！差不多，從民國二十年起，我就開始練習寫作，先後發表於《海潮音》、《人海燈》、《佛教日報》、《妙法輪》、《覺有情》、《中流》等刊物；要是把它搜集起來，也許還有幾篇可以看的。來臺後，因為資料不足及情緒的不定，寫出的東西，更不夠理想。三十八年，該是國人最難忘的一年，千百萬人如潮湧一般向海外逃亡，我也是其中一個，隻身飄流到寶島；從大陸帶出來的，只有一個慘重痛苦的教訓，沒有興高采烈的熱望。

佛教雖有豐富的文化遺產——經典，但卻受了宗法社會思想的影響，同道們沉迷於保守制度，未能隨和時代，革新佛制，致使佛教脫離了社會群眾，廣大社會人們對佛教缺乏正確的認識，甚至誤認佛教為迷信落伍的宗教。這種錯誤的責任，應歸罪於佛教宣傳不夠。我愛我的佛教，更愛我的國家！在這國步艱難的時期中，每個國民都應貢獻出他的生命與智能來協助國家。根據我個人絕對信仰的基礎，於三十八年四月，創辦《人生》雜誌，想藉此為喉舌，表達我個人對於佛教革新的意見，及對國家民族熱誠的願望。

愛教愛國的東初老人入夏以來，一向健朗的他卻常身體多病，不時感冒，顏面神經也失調。在病中，他回憶起過往飽受戰爭時期的恐慌、擾亂、驚嚇，自從來到臺灣以後，反而是一生中最安靜的日子。對此，東初深感安慰，病事也就無足掛齒了！

隨聖嚴法師及智老的離開，東初老人對無常看得更透徹，一向做事風格清楚明白的他，對於自己的身後事，也要交代個清楚明白，這年十月六日，他在日記上寫下對不動產、動產的處理方式：「不動產歸文化館所有生活費用；動產百萬元設立佛教教育、學術基金，培養佛教弘化人才，另成立基金管理會，以本人有關及本館關係較密者為委員，其餘仍歸文化館所有。」

世事無常中，整個國際形勢也在變化著，越南內戰如火如荼，對於越南政府的不穩定，引發政教衝突，導致佛教徒受到牽連，東初老人也忍不住於十二月書寫雜感〈越南政府與佛教〉，表達同情之意，一年如此又到盡頭。

一九六五年，五十八歲的東初彷佛用不完的精力，同時進行了幾項重大計畫，影印《西藏大藏經總目錄》、發行偏學術性質的《佛教文化》季刊（七月），並特敦聘樂觀法師、道安法師、月基法師、蔡念生居士等，成立「《民國高僧傳》編纂委員會」，開列《民國高僧傳》名單，計有寄禪和尚等一百零二位，準備將其事蹟整理出書做為後人表率示範，並陸續刊載於《佛教文化》中。

十月三日，東初老人經由張尚德居士得知中國文化學院張曉峰先生，擬於學院旁與佛教中人合作興辦佛教叢林及創辦佛教研究中心，有感於天主教和基督教均辦大學，唯獨佛教尚未開辦。一向熱衷佛學教育的東初老人，會同道安長老赴慧日講堂訪印順長老，商談倡辦「佛教大學」一事，印順、道安法師均表贊同，並願從中協助。

午後隨赴陽明山莊訪曉峰先生，結果甚為圓滿。曉峰先生願和東初老人合作，希望今年就可成立佛教大學，並將由曉峰先生發表演說承認佛教大學，由佛大與文化學院訂立合同；此外，由文化學院授給一甲土地做為佛教大學建地，其餘用地則屬公園地。如此，佛學以外的課程可直接在文化學院受課；而與文化學院合作，亦可免去立案等困難。

同日，曉峰先生專訪東初老人，進一步談華岡建叢林寺院之事，並希望東老能出面擔當此職，但東老則以力量有限而辭卻。

佛教大學一事於華僧大會會議前夕，印順法師建議至十一月五日舉辦為期七天的第一屆華僧大會討論，由海內外大德通力合作，以為或可免去無謂之阻力。然而華僧大會幾經決議後，此提案雖列入重要議題，後來亦不了了之。

值此日新月異的時代，東老有感於若無國際性知識學問，勢難立足於潮流尖端，佛教徒不能故步自封，如此尋思，他書一快函給尚在掩關中的聖嚴法師，希望他能提前出關，欲全力支持其赴日留學：「盡早提前出關，不要只住在山上。今日的年輕人應該出國到日本留學。我會支付你所有的費用。」

東初老人希望聖嚴法師不只是做一個普通的法師，而是要做個宗教家，他也知道聖嚴法師是個有志向的出家人，所以更要有宏觀的國際化視野。

一九六六年的一開場，東初老人即自勉：「勿與天下無聊之人爭閒氣，應與古今聖賢豪傑爭志氣。」中華佛教文化館已經成立十年，他在十年感言中，提到今後佛教要生存，必須使佛教學術化、藝術化，這也是未來中華佛教文化館努力的方向。

同時對於佛教如何跟上快速的時代腳步，是近期所有同道中人的共同心聲：「今天的佛教必須要趕上時代，否則便會被時代淘汰，成為時代的犧牲者。」

東初老人也表示同感：「今日我們應該做的事：第一、要趕緊集合佛教的力量，創辦佛教高級佛學院，造就國際佛教的人才；第二、佛教要適應現代科學，並指導現代科學造福人類。」並認為：「只重形式的保守思想，危害著今日佛教；即崇尚吃苦、穿破衣、過午不食、念一句阿彌陀佛，以為如此便是典型的僧伽，至於識字與否皆無關緊要。再者，佛教制度方面，一味地堅守以往宗法社會思想下的制度，仍以叢林制度為最合理；而不問合時宜與否。」

暑假時，印順老法師因健康欠佳，辭去文化學院教職；就讀文化學院的李志夫居士，偕同數位有志於佛學的同學，前往勸請東老來校主持佛學研究所。東老推辭，以為不切實際，反而以我國尚未有梵文字典，願以付獎學金方式，邀請學生們編寫，就是鼓勵青年學子鑽研佛學，以培養佛教人才。

農曆八月二十五日，東初老人再失至親，母親唐氏逝世，享年八十八歲。遙想當年出家時與母親的別離，那時自己才十三歲，就開始學習獨立，如今已屆耳順之年，還在挑戰自己，勤學不倦，不斷追求進步。一如慧嚴法師所說：「老人是不承認老的，不服輸的，尤其是絕不落於自己的弟子之後，……記得老人曾告誡我：『做事、研究學問，不要忘了它的重要性，及自己的興趣，不要去附和人家的潮流，我就喜歡專挑別人不要做的事。』」

現在，東初老人亦在醞釀一件別人不要做的事，這年他已著手動筆《中印佛教交通史》，開始為這個計畫在做準備，這也是他佛教巨擘之作的首部曲。

轉眼，耳順之年到臨（一九六七），六十歲的他，應中華學術院之聘，出任該院佛學研究所顧問。自此以後，東初老人絕少外務，一心專注於著述工作，尤以「佛教史學」為主，《中印佛教交通史》如火如荼進行著：

> 中印佛教交通主要的目的，在傳經與求法，期使中印兩大文化溝通融和，相輔相成，創造宇宙繼起之新文化，貢獻於人類世界……。

九月開學時，他發放「補助升學金」給國內大學生，和其他留美、日等留學生；他總是開心為學生們做這些獎勵讀書的事。秋天，他收了李明憲居士為第二位披剃弟子，法名「聖開」，後來創慈光山道場。

與東初老人往來甚密的皈依在家弟子方甯書居士，曾說一段關於東初老人和聖開法師之間的故事：「聖開法師剛出家時，住文化館，拜師後就長時間在外，偶爾回來……。聖開法師還住在這邊時，有一次老法師叫聖開法師把所有的書都燒掉。當時聖開法師在樓下房間，東老住樓上，我就跑到樓上去找老法師，說：『您怎麼要他把書燒掉？連佛經也燒掉嗎？』我以為我很有道理。結果，老法師說：『通通燒掉！』奇怪了！怎麼連佛書也燒掉？我就從樓上跑到樓下，從樓下跑到樓上，他也不作說明。聖開法師跟我講這件事情，我以為這是很不講道理的啊！社會科學、人文科學的書燒掉可以，怎麼可以把佛書也燒掉呢？經之所在，即佛之所在，不是嗎？其實禪『不立文字』，要那些書幹嘛？老法師叫他把佛書燒掉是有道理的。盡信書，不如無書吧！《金剛經》有說：『法尚應捨，何況非法。』檢討起來，那時我太衝動，慚愧！其實東老為曹洞宗一代祖師，書燒不燒，都一樣。」

東初老人對弟子所採取的「魔鬼訓練」方式，之前聖嚴法師已經領教過了，曾經他要聖嚴法師去拜佛，又指責他在浪費時間，向一尊木雕像頂禮，一點用也沒有，要他寫文章，發聲住持正義，後又說他罵人太過分要懺悔；要不叫他去看大部經書，卻嫌他看太慢，太多業障阻礙，要他再去佛前禮拜……，連整理磚塊都找麻煩似地讓聖嚴法師前前後後忙了幾個月，最後東初老人才露出笑容：「這些磚是沒用的，你一定對我氣極了！」然後又說：「但是你還不錯，你的確非常有耐心。」

聖嚴法師在《雪中足跡》一書中，表達對師父教育的看法：

> 當我開始接受師父的訓練時，我認為他有雙重人格。後來我才了解到，這是他調教學生的一貫作法。他在焦山佛學院時，對待那些學生就和對待我一樣，……他認為一個出家人應該承受得了壓力，他也是這樣被他的師父訓練出來的。……「香板下出祖師」，這種鍛鍊會把你的自我和傲慢逼壓到無可遁形，然後它們就消失了。在古代，禪師們都是如此訓練有潛能的弟子，對那些沒有什麼潛能的學生，就會比較寬鬆。

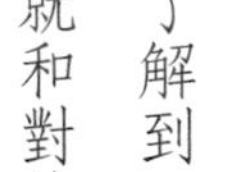

4 教育理想

辦佛教大學的想法，猶在東初老人的腦海縈繞著，在文章中〈如何辦好佛教大學〉，表達這樣的急切：

如何復興佛教，使佛教趕上時代？第一、缺乏人才，更缺乏培植人才的佛教大學；人才必須具有高尚的學識及多種語文來適應國際弘化的需要。第二、佛教的理論包括天文、曆算、倫理、物理、生物、心理、藝術、醫學、文學、歷史文化，所以我們要說明佛學內容，僅靠一經一論的理解，固然不夠，必須涉及社會各種知識作新的解釋，始能喚起學術界的重視與興趣。第三、對於中國歷史文化要特別重視。

東老思前想後，決定自己興辦一所佛教學院，一九六八年農曆一月，他專程南下臺中太平鄉視察一塊土地，做為中學或佛教學院之用，但不太理想。為什麼辦學是如此重要呢？就是為了讓臺灣佛教寺院能夠成為真正的道場，二月他寫下一篇〈如何使佛教寺院成為名副其實的道場〉：

> 一、以各縣市佛教諸山為主體，集合各寺院住持、住眾青年，組織佛學研究所；二、各縣市，僧眾可造就者，一律強令研究佛學等；三、各縣市不論大小寺院，一律禁止為亡者超度、趕經懺；四、各寺院必須經常講經、說法、布教、組織佛學研究及修行，使所有僧尼成為弘法覺世及傳播佛教文化的使者。

他也打算成立「中華佛教文化基金會」，以補助或為獎勵發展佛教文化事業為宗旨。此外，由於注重佛教史學，東初老人亦有創辦「佛教史學研究所」的想法：「佛教歷時兩千多年而不墜，仍發揮其度化群萌，淨化人心的作用，正由於歷史的遞嬗，始能盡其教化的理想。……歷史雖造就了我們，我們亦可針對歷史的意義給予再造，以為將來的歷史開拓新的機運。」

為此，他開始撰寫三部佛教歷史巨作：《中印佛教交通史》、《中日佛教交通史》、《中國佛教近代史》，其中《中印佛教交通史》去年已經執筆，在這年完成並刊行。他接著撰寫《中日佛教交通史》，擬好草稿〈中日佛教交通之橋樑——韓國〉。

這些別人不要做的事，他樂此不疲地構思、規畫，終日伏案辛勞，八月一日，東初老人住院體檢身體。

這年星雲法師亦擬創辦大專學院，前來向東初老人請示校名。東初老人以為「就東西方文化、民族文化而論，東方屬精神的文化，故重人性；其中又以佛教之重視心靈提昇為最主要。中國文化，包含儒、釋、道，而佛教經南北朝之融合儒、道兩家思想而成中國文化之總體。綜此，故以佛教為東方文化之代表，最為適當」，建議以「東方佛教學院」為名。星雲法師採納建言，將「壽山佛學院」更名為「東方佛教學院」。

雖然幾番波折下來，辦學因緣終究仍未具足，但東初老人沒有忘卻自己的理想，等待因緣具足的時刻，他還在用功每日爬格子，繼續書寫《中日佛教交通史》。

一九六九年三月十四日，三十九歲的聖嚴法師負笈東洋。

聖嚴法師閉關時期自修日文，又閱讀留日居士楊白衣帶來的大量日文書籍，明白日本仍有好的佛教學術研究，並有超過五百個修讀博士學位的學生，於是，他決定前往日本立正大學攻讀學位。

四月一日，人在日本東京品川簡陋租屋的聖嚴法師，收到東初老人寄來的一封信：「深覺宗教存在的價值（佛教在內），只是精神熱忱（意志、願心在內），不在學術文化。……儘管釋尊說了三藏十二部經典，但其重心仍然在道──精神……。」他明白師父的心意，勿忘佛陀精神，更勝於佛教知識。

我們必須要正確地了解兩國歷史文化關係的底蘊，及了解佛教輸入日本後，是如何發展？以及如何影響日本文化？因為中國文化對日本國民道德影響最大者，莫過於佛教。中日兩國千三百餘年來友好關係，多緣兩國先民、高僧千辛萬苦所建立的傳統。

這是《中日佛教交通史》東初老人在導論中寫的一段緣起，秋天，為了撰寫《中日佛教交通史》，他決定東遊日本一趟，搜集相關史料，順道探望正在東京立正大學深造的弟子聖嚴法師，由他陪侍訪問了幾處佛教名勝、佛教領袖及著名學者、教授等，前後兩個禮拜時間，做為書中的一些補充。回去後，老人加緊奮筆疾書，完成《中日佛教交通史》，並於一九七〇年二月刊行。

聖嚴法師去日本留學，其實在臺灣佛教界還是有反對聲浪，因日本佛教寺院為世代沿襲，非十方所有，且葷辛不忌，所謂海鮮魚鮮亦為素食。東初老人雖信誓旦旦說：「聖嚴即便去了日本，也不怕他會還俗。」但流言紛擾，還是去信要他拍照片寄回，看是否還俗，甚至親自飛去日本查看居處。

後來聖嚴法師以《大乘止觀法門之研究》論文榮獲碩士學位，論文以日文寫成，東老又去信讓聖嚴法師翻譯為中文，交給《海潮音》雜誌發表，一時被譬為中國佛學研究現代化的先聲，這就是東老對待弟子鐵杵磨成繡花針的方式。

一九七〇年，臺灣省政府頒布管理寺廟辦法，對佛教不公，東初老人再度發聲，於一月二十五日致董正之居士書，懇請鼎力向中央政府呼籲制止。東老認為所頒寺廟管理之對象僅限佛教、道教等，而耶、回、天主教不在其內，分明歧視佛教。佛教寺廟之不同於一般神廟，非僅是弘揚佛法的場所，更是傳播、保存中華文化的所在；政府理應加以輔導、補助，以發揚中華文化傳統之精神。

對於佛教被歧視、被誤解，東初老人以為佛教徒唯有提昇自我，自救才能救人。在這年東初老人拜訪曉雲法師初創的蓮華學佛園時，特別勉勵同學努力求學，認為出家人固然要懂佛法，但是在這個時代，也要懂世學。並感慨地說：「現在出家人學歷水準很低，若要提高佛教社會地位，必須要我們出家人內外學兼修。」

東初老人對後輩的種種提點，始終以「文化工作為復興佛教文化之基礎」為出發，這也是東初老人堅持不已的佛教教育理念。

第6章

農禪家風

1 印度之旅

印度，一個充滿喧囂的國度，雜亂而文明，貧窮與富裕，同時存在於這個人口眾多的佛陀出生的國土。「我們每一佛弟子都應前往朝聖。」這是東初老人在〈印度朝聖紀要〉的開場白。

二千六百年前，捨棄王位繼承的佛陀，歷經六年苦行而後在菩提迦耶的菩提樹下，夜睹明星悟道成佛，之後遊方行走恆河流域一帶說法四十五年涅槃入滅。佛陀的聖蹟猶在，但印度已不再是佛教之國，佛教反而走進了亞洲各國。對每一位佛教徒來說，去印度朝聖，就是頂禮佛陀的足跡。

對東初老人來說也是如此，多年來，去印度朝聖的想法，始終是心中可望不可及的心願，歷經戰亂，歷經逃難，到今天整體生活安定下了，這個心願才

隨著《中印佛教交通史》的著述，加深對印度的了解後，有感於對印度歷史文化的知識，僅限於書籍上，而對印度國土尚未能作實際踏查，求得更進一步的了解。因此，擬訪印度巡禮佛陀聖蹟。

機緣也很剛好，一九七一年春天，印度佛教僧伽會主席悟謙法師來函邀請東初老人前往弘法，傳播中華文化。原本三月就要啟程，但印度簽證四月初才到，天氣已燠熱起來，又適逢印度濕熱的雨季時節，於是延到十月初成行。

這年，在日留學的聖嚴法師取得碩士學位後，繼續攻讀博士學位，東初老人特別告誡：「汝當作大宗教家，切勿為宗教學者。」因感於日本佛教之衰是走宗教學者路線，如要挽救人心的話，應成大宗教家。這樣耳提面命，不是不放心，而是一份為師的關愛。一來聖嚴法師年歲已逾四十，身體單薄，文化館也需人手，東初老人總希望聖嚴法師早日回臺，接手文化館，甚至會說：「你究竟要不要文化館？你不要，我就送給別人了。」有一回更天真地說：「聖嚴，你如一定要走，至少要給我文化館介紹一個和你一樣的人來。」

這已是一九七〇年代的啟始，臺灣正展翅躍入寰宇，而東初老人已日漸西山，他或許心中也暗知一九七〇年是自己最後、也最好的時光，他要去想去的地方，要寫想寫的書，要做想做的事。

這年，東初老人也率領弟子們在關渡平原開墾闢地，準備創建農禪寺。而印度之旅，他心中的朝聖之夢，即刻在十月四日成真。

在出發前夕，他想送給悟謙法師一個特別的禮物。

一九四九年悟謙法師在大陸撤退前，經由西藏逃難到印度，一九六六年首次來臺觀光，前往北投文化館拜會東初老人，兩人相談甚歡。東初老人原建議他返國修學，但悟謙法師在印度已有建寺計畫。一九六七年，悟謙法師在印度加爾各答成立「印度佛教僧伽聯合會」，並購置土地，準備做為興建玄奘寺地基；一九六八年籌建玄奘寺之初，關於寺名題字，悟謙法師呈請總統蔣公題辭，藉以紀念玄奘法師在印度的豐功偉業；然幾經波折，未能達願。

東初老人此番前往印度朝聖，行前特地上書中央黨部，恭請蔣總統賜題「玄奘寺」匾額，準備順道攜至加爾各答贈予悟謙法師，了其心願，果然順利獲得蔣總統墨寶，令東初老人心中大樂。

十月四日，東初老人從臺北直飛曼谷，先到泰國待兩天，再搭機前往加爾各答。東初老人印度之行十分低調，臨走很少人知道，僅有方甯書、林江濤、張榮達等居士和明宗、悟因法師諸人趕往松山機場送行。

在泰國承蒙中華佛教研究社高理事長盛情招待，參觀曼谷市區佛教名剎。泰國是南傳佛教國度，佛教文化融入生活之中，不管是輝煌建築、服飾及各種商品，皆有佛教意涵，令東初老人印象深刻。泰國的華宗普淨大師，聞訊也趕來邀約前往參觀其興建的普門報恩寺，並款以午齋，暢敘在南京的一段往事。

泰國停留兩日後，東初老人續飛加爾各答。華僑協會主席葉幹中夫婦、副主席譚銳榮、佛教僧伽會主席悟謙法師、中華佛寺董事劉金昌等數十人，都來機場熱情迎接。當見到悟謙法師時，東初老人跟他說的第一句話即是：「我已經帶來總統蔣公題的玄奘寺墨寶了！」令他喜出望外，感激之情溢於言表。

在悟謙法師的安排下，東初老人先去參觀加爾各答尚未完竣的中華佛寺，當晚下榻摩訶菩提學會。摩訶菩提學會是七十年前創立的錫蘭（今斯里蘭卡）南傳佛教道場，此道場是復興印度佛教者達摩波羅居士與祇洹精舍創辦人楊仁山居士所建。祇洹精舍曾是太虛、仁山、智光等近代中國佛教領導人物的養成之所，今下榻該會，東初老人回憶古人，展望未來，不免百般感觸。

東初老人在加爾各答待了七、八天，參觀訪問外，並發表三場演講：第一場在加城雙十節國慶大會，應葉幹中僑領之邀，發表演說，講題為「中印兩國人民應記取歷史上的教訓」，現場約一千多人參與活動。同時舉行頒贈玄奘寺匾額典禮，由東初老人親自主持，葉僑領代表政府將蔣總統親題之「玄奘寺」額，頒予悟謙法師。

第二場為摩訶菩提學會邀請演講，該會祕書長吉那拉坦那（Ven N. Jinaratana），特別盛情為東初舉辦一場晚會，邀請當地佛友和印度國會議員，包括錫蘭、印度和華僑等一兩百人共同與會。東初老人以「復興印度佛教」為講題，侃侃而談，由李鳳芳居士擔任英譯。

第三場是東初老人從新德里返回加爾各答後，培梅中學葉幹中校長邀約參觀該校；此為旅印華僑所辦的第二所華僑學校。配合悟謙法師正在加爾各答興建玄奘寺之風潮，東初老人因此以「玄奘法師在中印文化史上之地位」為題，勉勵七百多位青年學習玄奘法師獻身中印文化交流，促進兩國人民友誼。以上三篇演講稿，都刊載於加爾各答《印度日報》，得到多方矚目。

十月十二日，東初老人在悟謙法師的陪同下，一行四人連同助理、翻譯搭上火車離開加爾各答，展開佛陀八聖地的朝聖之旅，參訪菩提迦耶、鹿野苑、靈鷲山、王舍城、大迦葉結集三藏處（王舍城東南石室——畢波羅延石窟）、舍衛國、涅槃場、祇樹給孤獨園等佛陀駐足聖地。

從佛陀成道處的菩提迦耶、佛陀初轉法輪的鹿野苑到之後的聖地遺跡，此行的朝聖見聞，東初老人描繪如下：

佛教在印度七世紀以後，就逐漸衰落，十三世紀回教崛起，現存僅有釋迦牟尼佛成道處菩提場伽耶塔，仍直立雲霄，這是碩果僅存偉大的聖蹟……。八聖地相距很遠，悟謙法師唯恐我途中跋涉太苦，乘車，轉車，等車種種辛勞，就在菩提場包了一輛汽車，駕車是一位年輕喇嘛，我們車到鹿野苑中華佛寺適巧為佛初度五比丘的人數，真是不可思議。……其餘八聖地中的遺跡，不是斷壁殘垣，就是一片廢墟。昔日靈鷲山法華會上，天龍八部，千萬聽眾，如今竟杳無人煙。令人不勝感泣，王舍城已無城可尋，大迦葉集合千聖結集三藏處，早成廢墟，鹿野苑初轉法輪度憍陳如五比丘處，僅剩土壘山崗。舍衛國，涅槃場，祇樹給孤獨園，地處北印度，人跡稀少，更顯得一片荒涼。我在涅槃堂，目睹大慈悲父臥在堂中。不禁淚從中流，感到萬分難過。

東初老人在印度馬不停蹄二十多天的旅途中，從加爾各答到新德里，歷經東印度、中印度、北印度、西印度，幾乎穿越了印度五分之三國土。他向此行參訪的比哈爾省那爛陀大學和聯合省梵文大學兩大佛教大學負責人提出交流計畫，得到對方首肯，可提供兩到四個僧伽名額免費前往留學，並允許代為申請獎學金；為此，回國後，東初老人特地致函「中國佛教會」傳達此訊息，鼓勵臺灣僧伽能來印度留學。

朝聖之旅的最後，東初老人在新德里待了兩天，寓居丘姓華僑家，和來訪

的胡季藻教授暢談西藏、印度、梵文大學及泰戈爾大學諸多問題，贈予對方《中印佛教交通史》做為紀念，又參觀尼黑魯大學，並至聖雄甘地墓致敬，對新德里寬敞馬路、都市建築、交通秩序之首都風格，大表讚賞。

十月二十七日，結束此趟印度之旅，東初老人搭機準備回臺，對於悟謙法師此次巡禮佛陀聖蹟得其助緣而能圓滿，內心十分感動，又託華僑代捐款四千元興建玄奘寺。返臺的班機途經香港、新加坡又做停留，接受諸山招待。

在新加坡，他與常凱、演培、優曇、廣義、松年諸位法師歡聚，另於菩提蘭若道場，演講「印度佛教的現狀」，參加雙林寺的星期念佛會，還探望多年不見的同鄉隆根法師。

回到臺灣尚未完全歇腳，十一月四日，東初老人又應印尼佛教會體正法師邀約前往訪問。這次在印尼逗留時間較長，受到各界華僑熱烈歡迎；除做四場演講外，又會晤印尼佛教會主席蘇拉濟准將、居士會主席蘇曼德利上校，兩人皆為熱心的佛教徒，在印尼熱忱推動佛教信仰，只是印尼政府禁止華語教育，中文佛典和書刊取得不易，東初老人聞知後，慷慨應允贈送一部華文《大藏經》給體正法師做為弘法使用，在場的蘇拉濟主席，也欣然同意協助運送事宜；此外，東初老人更籲請中國佛教會設法傳入中文佛教宣傳品，讓更多印尼佛教徒認識佛教。由於所撰寫的《中印佛教交通史》其中一章專門介紹印尼佛教，東初老人在印尼停留期間，特地就印尼的歷史、地名等，和體正法師等逐一校正完畢後，於十一月十八日返臺。

這年東初老人去了印度、印尼的旅記及所有演說文章，收錄輯成《佛教文化》第十四期：《東初大師訪問印度、印尼特輯》，於十二月出刊，而這也是《佛教文化》的最後一期，之後《佛教文化》便停刊了。

2 巨作完成

東初老人與人說法，是隨緣、隨機的，很少以正式的方式，所以印度與印尼的演講說法，更屬難得。他不受一般大法師的假象所羈絆，更絕於攀附外緣應酬，多在文化館獨自創作，實修更重要於表面工夫。曾有人問他，為什麼不積極地出山為佛教做一番統理大眾的作為，他只說了「隨緣」二字。但是做為一名僧侶，並非鄉愿，應當捍衛佛教之時，依然要挺身而出。

一九七二年，一件小意外發生，文化館土地遭強鄰誣陷時，為了維護文化館土地權益，東初老人在日記說：「山僧天生一付傲骨頭，絕不向有權有勢的低頭。」由此事件，他亦有感而發：「以宗教精神所建立之和平，才是永遠的

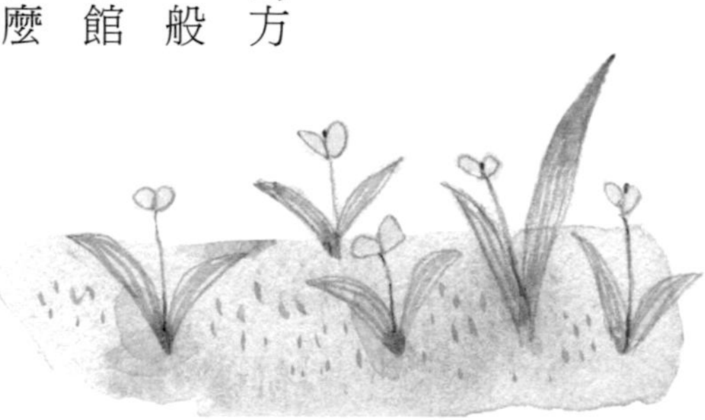

和平；以武力所建立之秩序，不是永遠的和平，乃是一顆定時炸彈。」

三月，東初老人將〈中國佛教藝術之成長與發展〉、〈近代中亞發掘有關佛教藝術遺跡之研究〉、〈敦煌壁畫之研究〉三篇文稿結集為《佛教藝術》一書出版。五月，再版《中印佛教交通史》時，補增前往印度參訪的見聞，加了〈戴季陶先生之訪問印度〉、〈印度佛教之復興〉、〈印尼之佛教〉、〈泰戈爾之來華訪問〉等四章。

基於對佛教「續佛慧命，弘法利生」的使命感與責任心，東初老人一向出版著作，並不為著作而著作，而是以佛教史學大家的觀點出發，為此，繼《中印佛教交通史》、《中日佛教交通史》完成後，他開始著手進行《中國佛教近代史》著述工作。至於書寫《中國佛教近代史》動機之一，東初老人是希望「透過歷史考據，……使現代青年佛教徒了解佛教在近代史上所遭受的慘痛、挫折與壓迫」。

中國佛教近代史，其中清末以降至今，亦是他經歷過的時代背景，他在年少時見識過的那些佛教大德們，滿腔熱血，滿腔理想，為佛教無私付出，想起來都好像是昨天的事而已，閩南佛學院的過去，先哲的臉孔，一一浮現而過，乃至來臺後，護持的居士學者，都一起為近代佛教而努力，力求在一個艱難的時代創造更美好的心靈皈依。

東初老人在《中國佛教近代史．自序》說：

近代的中國，是一個多災多難一變再變的國家。佛教所遭受的重重劫難，更是亙古所未有，史無前例的。今日我們應如何把那些慘痛的史實，一一紀錄下來：不僅為佛教保存歷史上重要的文獻，且可作為下一代「鑑往知來」的教訓，以炯戒後人，使勿再蹈其覆轍。這不僅為吾人當前唯一的急務，且責無旁貸必須完成者！

一九七三年除夕，東初老人檢討一年來得失，自認為在學業方面，《中國佛教近代史》已完成百分之九十五，尚有百分之五待整理；而此書之內容，文字與觀念則仍需修正。其次是經濟方面：

入秋以來，我的運氣似已好轉，幾乎把過去所虧損金錢都已找回，因此決定把基地買回，已向臺北縣政府申請。……由此，使我更深信因果定律絕不會錯。

年輕的慧嚴法師受東初老人之託，協助抄寫、校對《中國佛教近代史》，因此而親近老人。慧嚴法師在幫老人抄寫並校對《中國佛教近代史》的稿件時，發現辭句不對勁的地方，總會提出來同老人研討，有時老人會立即採納，但有時搬出字典考證後才能更正。慧嚴法師每回到文化館時，都看到老人伏案攻讀、埋首寫作。「老人的治學方法，雖不是很縝密，但是老人勤學和求進步的精神，是很難得的。」慧嚴法師對老人的精進不懈深感敬佩，東初老人更常勉勵後學，不以所學為滿足：「看書可不要只看教內的作品，也要看看一般學者的有關作品，它會啟發你，幫助你的。」有天他還對慧嚴法師說：「過去我對胡適之很不滿意，現在再看他的作品，覺得他很了不起。」足見東初老人的開明與不故步自封。

經慧嚴法師引薦，智光商職國文老師李敏娟居士也開始親近東初老人。她說：「聞其言，每有鏗鏗然作金玉聲之歎。」如東初老人勉勵她：「學佛，學佛，不能光看佛書。還應該深入中國歷代的各類典籍，然後與佛理綜合，才能成為豐富有味的學問，也才能真正有所作用。好像燒菜要加佐料一樣，各種佐料調配適當，就能燒出色香味俱全的上菜，才能教人吃得津津有味。不要死鑽佛書的道理，就在這裡。……你是學中文的，中國文學裡有許多可資發掘的東西，你應繼續專研，不要心存放棄。」

東初老人的智慧是靈活應變的，既重視中國文化，但又不是那種食古不化的老骨董，有一次妙然法師因某事前來請教，向他提及被人利用怎樣怎樣，東初老人則以另種角度開示勸導：「人與人之間相處，就是互相利用，至於利用的方法，各有巧妙不同；有的人利用成功，有的人利用失敗。有的人專門給人利用，有的人專門利用人。一個人在世，能有被人利用的價值，就有生存的意義；反之，即同死草枯木，活著也是多餘。我一生不怕人罵我，更不怕人利用我；有人罵我，我不反駁，有人利用我，我也不反對。我們的教主——釋迦世尊，從二千多年以前一直到現在，都被他的兒孫們在利用。不肖的兒孫，利用他混生活，利用他為非作歹，變成獅子身中蟲；賢德的兒孫，利用他弘法利生，利用他福利社會。……我們是佛陀的弟子，要學習佛陀大肚包容的精神。」

如同東初老人所說：「研究佛法，不僅啟發吾人的理智，且可培養吾人的德行。……因為佛法究竟的來處，不在經典上，乃在於吾人身心。」學佛確實要真參實究，活用佛法。

一九七四年九月，上、下兩大巨冊的《中國佛教近代史》正式刊行，「本書原估計為五百頁，不料竟超出一倍以上。在此紙價高昂，幾乎無法出版，承諸多教友鼓勵與協助，咸認本書適應時代的切要，足以鼓勵來茲，樂於奮發，使本書得順利問世」，如此了卻了東初老人一番「將過去真事實，予以新意義、新價值，以供現代人參考，抉擇未來一個正確的途徑」知往鑑來的使命。

3 創建農禪

「一襲長袍，矗立如松」，這是吳仁牟居士在曉雲法師所舉行的第三次清涼藝展，初見東初老人的形容，「一大清早，來了一個柱杖老僧，風神脫俗，孑然古貌」。

縱使滿腹經綸，縱使衛國愛教，縱使埋首書海，懷抱佛教濟世理想，為佛教歷史留下千萬文字，做為中國禪宗的一名傳承者，天真自在，任運隨緣，也是東初老人禪宗的修持風格，他本人即是一位禪師。

東初老人對禪宗有獨特見解。一九七四年十月十五日，他應佛光山東方佛學院院長星雲法師之邀，以「叢林制度與禪宗教育」為題，為年輕學僧們詳述禪宗叢林與教育，論及叢林清規的由來和佛教中國化之始；禪宗的根本精神與風格，並舉禪宗大教育家為例，說明禪師訓練弟子，重在日常生活中的體驗；以「六和敬」為原則的叢林制度不僅適用於過去，亦適合於今日民主時代，以及〈百丈清規〉的內容種種，最後以「今後僧教育的前途」做為結語。

一九七五年二月，東初老人將過去所書〈叢林制度與禪宗教育〉、〈論禪學真義——兼論胡適博士「禪宗史的一個新看法」〉、〈再論禪學之真義〉、〈關於六祖壇經真偽問題〉等四篇有關禪學文稿，集結成《禪學真義》一書，做為他禪宗論述的代表作。

回歸中國禪宗的本源，在生命的每一個當下，全然活出自己的人生。六十八歲的東初老人，依然每日每時每刻，如此履踐禪的精神。

「一日不作，一日不食」是中國著名禪師百丈懷海的力倡名言，他對禪宗進行教規改革，制定清規（後稱〈百丈清規〉），將過去佛陀時代佛教僧侶的乞食傳統，修改為中國式自食其力的農禪風格，奠定中國禪宗制度及僧團組織生活。即使年事已高，仍每日下田工作，有天弟子不忍，將他的耕作工具藏起來，百丈禪師無法工作，便拒絕用食。此後，以身作則、自強不息的老禪師更贏得眾人的臣服，共同將禪宗叢林發揚為中國佛教的特色。

弘揚農禪家風，傳承禪宗精神，也是東初老人生命中最後的理想，因感於對當前社會頹靡與佛教不振而喟然，他決定以身示範。

一九七一年關渡平原的一方土地，成為他拓展的基地，他再度發揮老禪師親力親為的不朽毅力，率領弟子們再度一起建造，前後歷時四年，在一九七五年，終於一棟兩層樓的農舍落成啟用，一樓做為客堂，二樓為文殊殿，供奉文殊師利菩薩。東初老人根據百丈禪師創立的叢林制度，以「禪修為主，務農為生」，命名為「農禪寺」。

當時農禪寺周圍遍布菜園、竹林，常住眾親手種植蔬菜、採收竹筍，除供寺內日常食用，也分送給鄰近居民，儼然農禪風光，伴隨關渡平原的日出與日落。

關於農禪寺的一兩軼事，方甯書居士在追念東初老人時曾提到：東老法師親自主持農禪寺文殊菩薩開光，大概是一九七六年四月間的事，儀式簡單而隆重，那一天傍晚，老人顯得十分高興，電話邀方居士立刻上文化館，說他心血來潮想起一句上聯：「效百丈家風百丈不吃」，方居士順口接下句：「傳維摩教義維摩無言」。老人回說：「好了，對好就好了！」並乘機開示：「事來就做，做完便了。」不一會兒老人拿一顆芭樂，一人一半吃著時，又請方居士為農禪寺寫一副對聯。方居士題書：「僧號東初東渡蓬萊歡天喜地萬民瞻佛初出，寺名農禪農墾大屯滄海桑田百姓悟涅禪機。」

一九五七年和師兄錠心長老尼一起到文化館幫忙的鑑心長老尼，在口述歷史中提到和東初老人的因緣：原本是短暫幫忙，結果一幫就是二十年，直到東初老人往生，他們都還在，雖非跟東初老人剃度出家，但反而留在文化館與老人相處二十年，比東初老人的兩位弟子聖嚴和聖開都還要來得長久，老人已視兩位比丘尼如自己的弟子。

鑑心長老尼回憶農禪時光，也提起東初老人和一隻小狗的溫馨故事：到了一九七六年四月，老和尚特別為農禪寺主持文殊菩薩開光典禮。在此之前，師公辦理自耕農身分，可減少一些稅金，買妥了地，建了約五十坪的農舍，上下兩層，樓上安佛像，樓下是房間及放農具等。這樣以建農舍的方式，建立起農

禪寺。寺的周圍種了番石榴、高麗菜、蓮霧、竹子等。因之前佛像和香爐被人偷走，後來才派大師伯錠心長老尼及果照法師長期住寺照顧。當時老人住文化館，也常到農禪寺看看。中間還發生一個溫馨的小故事，有一天他在外辦事時，有一條黑白花的小狗一路跟著跟到了文化館，大概有緣吧！從此牠就留在文化館了。為了兩位出家眾留守在農禪寺的安全，才把黑白花小狗也帶到農禪寺。但這段不算短的路程，小狗居然悄悄地找回文化館，老人又把牠給帶回農禪寺，還不斷安撫牠，每次帶早餐來農禪寺時，都得記得算牠一份燒餅油條才成。

那一段農禪日子，晨曦時分早課以後，露水還在菜葉上閃閃發光，整片遼闊的關渡平原在朝陽的照耀下逐漸甦醒，出家人已在菜田間忙碌起來了，低頭鋤草，或者灑水播種，這幅田園畫面很美，令人想起布袋和尚詩偈：「手把青秧插滿田，低頭便見水中天；六根清淨方為道，退步原來是向前。」退了一步看見一方水池映照出滿天星辰與一輪明月，映照出水月道場的空靈與清淨，這不正是世外的心靈家園嗎？

然而這意味深長傳薪氣息的農舍禪寺，才啟用一年多，建造他的東初老人就於一九七七年捨報往生了，很遺憾老人沒有太多時間在這座他建造的寺院弘法，但老人一向堅持文化教育與發揚佛教理念，乃至自力更生的農禪家風，他的弟子聖嚴法師都繼承下來了，法師以農禪寺為發源地，開啟後來振聾發聵的法鼓山，成為臺灣重要大道場之一。

聖嚴法師亦繼續著農禪寺的擴建，除了興建「入慈悲門」三門，隨著後來信眾愈來愈多，原有空間不敷使用，於一九八三年在農舍後方加建大殿，其他如禪堂、齋堂、僧眾寮房、辦公室，也是逐步增建出來的。且因聖嚴法師經常在此主持禪七、佛七和講座，帶動青年人學佛修行風氣，來寺出家的年輕僧侶，一九八九年已經近三十位，農禪寺儼然成為培養青年弘法人才的搖籃。

一九八九年「關渡平原保護區」公布後，農禪寺面臨拆遷問題。為祈求問題得以順利解決，這年三月，聖嚴法師特別在農禪寺念佛共修法會中，帶領近一千名信眾虔誦〈大悲咒〉二十一遍，不久即在金山鄉覓得法鼓山土地，而農禪寺的拆遷問題也圓滿解決，農舍被列為臺北市歷史建築之一，冥冥中似乎得到東初老人的護佑。

在往後法鼓山的成長過程中，農禪寺肩負起經營、推動法鼓山各項建設的重任。經由僧俗四眾的努力經營，四十年來農禪寺已是臺灣佛教，乃至中國禪宗的弘法重鎮，這一切也都是東初老人的遠見與澤披。

4 美國弘法

一九七五年三月十七日，聖嚴法師獲得日本立正大學文學博士學位，旋赴美國紐約弘化。當聖嚴法師還在日本修改論文準備出版之際，已獲美國佛教會的共同創辦人沈家楨居士協助，取得入美簽證，所以當聖嚴法師論文在東京出版後，十二月十日他便飛往美國舊金山，十二月十六日再抵紐約，後因緣際會在大覺寺教導西方弟子禪修。

這年聖嚴法師僅夏天短暫回臺，以「海外學人」身分參加七月十八日的「國家建設研究會」，聖嚴法師以僧侶身分返臺參加國建會，成為媒體焦點，東初老人亦引以為榮，逢人就介紹：「這是我的徒弟聖嚴，從日本得到博士學位回來了！」他以為聖嚴法師畢業了，可望回臺接掌文化館，沒想到希望再度破滅。「我已快要七十歲了，原先只到東洋，現在竟要走得離我更遠而到西洋了！」一面對聖嚴法師再度遠走，滿心失望的他，在聖嚴法師抵達舊金山的第二天，十二月二十日寫下第一份遺囑。

當時，是東初老人心情最沉重的時期，面對聖嚴法師由東京初渡美國，回臺繼承文化館的希望似更渺茫，他一字一句寫下傷心的遺囑：

……（不動產）均屬鐙朗節省減用所致，……鐙朗身為佛教弟子，所有動產及不動產，均屬佛陀所有，除興辦佛教教育、文化事業及社會慈濟事業，用報佛恩及社會恩外，任何私人不得以任何名義動用上項財產（包括依鐙朗出家的徒子徒孫在內）。

並囑付以其全部財產的三分之二，創辦一完整健全的佛學院；復以三分之一，興辦一高級靜修院，專供社會孤獨老人靜養，以極廉價方式售與老人房屋，盡其生前居住，死後仍歸常住。

這年四月六日，清晨傳來總統蔣公於前一晚十一點五十分崩逝的消息，愛國的東初老人聞訊後，難掩震驚與悲慟，除在佛殿設立牌位、誦經追思外，並前往國父紀念館瞻禮遺容。

為了追念總統蔣公，讓世人明白他與佛教的淵源，護持佛教的事蹟，東初老人日夜趕寫《蔣總統與佛教》一書，一者彰其功德，二者以誌哀思；九月，這本《蔣總統與佛教》的著作完成，印行後，東初老人廣為結緣，為此他還去電悟因法師，通知說，已經請印刷廠送兩百本到圓通學苑，讓他帶到文化學院發送，或代寄各寺院、各圖書館。

一九七六年，六十九歲的東初老人依然健康硬朗，往返於文化館與農禪寺之間。這年大陸亦發生變局，一月八日周恩來病逝，七月二十八日天搖地動的唐山大地震後，九月九日毛澤東於北京去世。近代掀起中國狂瀾的三大政治人物，不約而同地前後離開人間，將其功過是非留給歷史評論。

四月十日，悟明長老在日月潭玄奘寺舉行陞座典禮，東初老人在方甯書居士的陪同下前往祝賀，結束後，與閩院同學戒德長老一行三人同遊溪頭，又去竹山德山寺探視正在那裡掛單養病的幻生法師。

東初老人與戒德長老突然來到竹山德山寺探病，讓幻生法師大感意外。他們對德山寺的環境幽靜，讚不絕口，尤其對幻生法師所居住的藏經樓，更是欣賞。

東初老人勉勵幻生法師說，他從幻生法師近年發表的文章，知道他在治學上有不少進步，要他好自為之。對東老的這番訓勉，幻生法師則感到無比慚惶。而聽說幻生法師將有美國之行，東老便將大覺寺的實際環境具體告知，勸他不要赴美，因擔心他的身體不能長期適應地下室生活。東老臨走時，與戒德長老各供養德山寺常住五百元外，又留下一千元，戒德長老也留下五百元，要給幻生法師生活所用，幾番推辭下，最後，東老要幻生法師不要過於固執，看在兩人同鄉份上，也應該接受他的這點誠意。至此，幻生法師再也無法拒謝了，終於接受了東老的惠贈，但仍婉謝戒老的好意。想不到那次他和東老相見，竟是兩人的最後一面了。

夏秋的颱風帶來連日豪雨，往常每遇颱風過後，東初老人都會邀約方甯書

居士四處巡視災情，從北投搭公車繞臺北一圈回來，見沿途滿目瘡痍一路無語。這年颱風整個北投淹水，他迫不急待趕去探望不便行走的方居士，得知一切無恙，十分安慰地口稱佛號：「阿彌陀佛！」然而自家文化館後山的圍牆已被沖垮十多公尺，山洪夾雜泥沙直衝佛殿，留下一尺多高的汙泥，這使東初老人的不順心，更多一份對文化館後繼無人的掛念。

九月七日，為慶祝美國建國兩百週年紀念法會，美國佛教會及世界宗教研究院邀請東初老人赴美研究訪問一個月，除了參觀美國新興道場，宣慰各地僑胞信徒外，東初老人的最大目的是得到聖嚴法師的承諾，使中華佛教文化館接替有人。

此行沿途經過檀香山、洛杉磯、舊金山、華盛頓等地。在舊金山金山寺宣化法師齋會上，東初老人還做一番開示：「大乘佛法化行美國，與彼邦立國精神——倡平等、尚自由——相契，故易於發展。」稱揚宣化法師在美弘法成功。

抵達紐約後，則由弟子聖嚴法師及浩霖、仁俊二師陪侍，先訪僑領沈家楨居士創建的菩提精舍及世界宗教研究院，接著又訪問紐約州立大學和哥倫比亞大學，會晤旅美西藏喇嘛及日本禪師等。

九月十九日，由敏智老法師、浩霖法師陪同下，至華盛頓參觀，並在華盛頓像前默禱華盛頓精神復活。隨即參觀林肯紀念館，寫下雜感〈林肯先生自由精神何在〉：

> 林肯為自由而發動美國史上唯一的內戰，「自由」成為美國立國的最高理想；東初老人則在林肯像前默禱：「世人誤解你自由的意義！」自由不是為所欲為，自由更是己所不欲勿施於人。

九月二十日，在紐約浩霖法師的東禪寺演講〈保持中國傳統文化與佛教信仰〉。十月三日，又於紐約世界宗教研究院演講〈梵藏原典在佛學上之重要性〉。

東初老人從三藩市到紐約時，聖嚴法師正忙著學英文、開會、教禪、講經，當時他在大覺寺已有十多名美國學生，他也請東老和學生們在禪堂合照一張團體照，敏智老法師和仁俊法師也在其中。東初老人見聖嚴法師忙得連睡眠的時間都很少，所以住大覺寺時，什麼事都不肯麻煩他，甚至衣服換下了也不說，而想自己拿去洗。東初老人見聖嚴法師要早起為他煮粥，心裡過意不去，便搬到浩霖法師的東禪寺住了一陣，慷慨好客的浩霖法師還陪著東老到費城、華府，參觀了幾天。

東初老人來美訪問，雖然是由美國佛教會邀請的，但聖嚴法師僅能陪他到長島的世界宗教研究院，及至沈家楨居士夫婦的菩提精舍小住兩晚，並由聖嚴法師的禪班學生阿楞卡女士駛車，與仁俊法師陪同東初老人，在紐約市轉了一圈，於市立中央公園小憩之外，就沒有時間再陪他了。因為比起在東京求學時期，聖嚴法師的生活更加忙碌，但當時他已決定為東初老人辦理來美長住的手續，心想來日方長……。東初老人見聖嚴法師如此精進奮發，既心疼他的體質單薄，又欣喜他的努力不懈，最使他欣慰的是，已有美國青年男女學生把他認作師公了。

因此，東初老人特地擬定一份書面聲明，題曰「遺交證書」，並請正在紐約弘化的敏智、仁俊、浩霖諸師簽名作證：「……現因年朽、體力衰弱，爰將中華佛教文化館館長職位、住持與本館一切圖書，及本人名下之動產、不動產，全交由依余披剃弟子張聖嚴繼承，聽其發展文教事業……。」之後，又吩咐說：「文化館住眾，鑑心和錠心等，服侍我二十多年，應給他們妥善照應。你也不必嫌文化館窮，我留下的一點，做為你發展弘化事業的酵頭，總是夠了的。」

聖嚴法師回說：「請你老人家放心，只要我一天有飯吃，我便會設法照顧文化館的住眾。至於文化館的窮或不窮，無關弘旨。」

聽完這番話，東初老人十分高興，這次來美國的目的已經達成了，而且他對聖嚴法師表現出來的積極、沉著、把握原則而不傲視自滿，更加肯定，他將寫好的書面文字撕掉：「聖嚴，有你這句話，我可以安心了。」其實那段期間，他們之間不論當面談話或往來書信，皆透露著老人將不久於人世的訊息。

訪美歸國後，東初老人可說是放了一百個心，一掃先前不快，但遊歷西方一趟，洞悉西方渴求佛法殷切，可惜國際弘法僧才卻非常缺乏，東初因此決定創設「佛教文化獎學金」，鼓勵青年僧尼應於大專院校或國外深造，以充實世學，方可承當國際弘化重任。並陸續將遊美心得，撰寫成〈佛教精神與中美兩大民族建國的理想〉、〈現階段的美國佛教及其將來之發展〉文章，發表於佛教雜誌。

十二月，在焦山智光大師獎學基金會演講〈美國月亮並不比中國的亮〉，二十四日發表〈保持中國傳統文化與佛教信仰〉一文。冬日最後，印度悟謙法師再度來臺，立委韓同先生特別宴請接待，東初老人與默如法師受邀作陪，席間賓主相談甚歡。對東初老人而言，這一年算是功德圓滿了！

第7章

薪火相傳

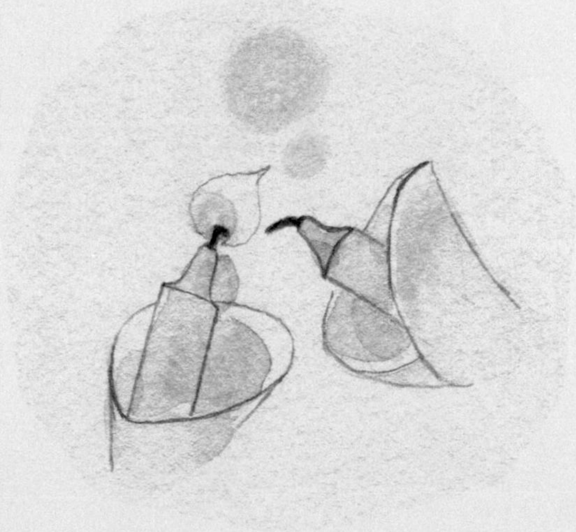

1

禪的詩歌

晨曦初起，再一次的黎明時光，為生命的每一天揭開光明的序幕。潺潺的水流溪澗，裊裊的溫泉煙霧，濃綠淺綠的山林群樹，不時滑行而過的一兩飛鳥，安靜的氛圍中，夾雜著空氣裡流動的硫磺氣息。這樣的二十八年北投歲月，成為東初一生中最長、最久的一段，彷若無人行經的路面或岩壁上積累一層層的美麗青苔，在陽光下綻放閃閃的神祕綠光，偶然闖入遇見，感到一陣讚歎驚訝，抑或「落霞與孤鶩齊飛，秋水共長天一色」的深邃悠遠，帶給人無限哲思。

教育、文化、慈善，是東初老人入世的理想，也是最多人所熟知的他，比如他的道友樂觀長老所說：「平時大家都以為東老只不過是個講學、做事的

人，並不覺得他有行持，而他本人，也從不在人面前標榜他有行持，直到他命終，這才體會他有修行。」

東初老人出世的禪師道風與行持，確實少有人知，他門風甚緊，在臺灣的出家徒弟僅收聖嚴和聖開兩名弟子，在家弟子也僅有十多人而已，即使辦冬令救濟，並未多收，也沒有刻意去辦一個真正的皈依儀式。多半是自由的方式去接引，他最多說說：「你們去拜拜佛啊！」剃度聖嚴法師時，也無刻意舉辦信眾參加的剃度儀式，僅有蓮航法師和少數人在場，這就是東初老人的行事作風，不落入形式主義，但求自心殊勝。

不重視一時的剃度或皈依儀式，卻重視日常的實際教導，東初老人對弟子的教導以嚴厲出名，沒有根器的，他不收，有根器的，就要準備受他磨鍊，而且他磨得讓你「左右為難」、「進退維谷」，你領悟了他的道理以後，僅是安住在每一刻，你就「左右逢源」、「進退自如」❶了。

一九七六年在美國的聖嚴法師，收到他的徒弟果如法師，寫信來向他訴苦，表明東初師公對他太嚴苛，他無法忍受了，生起退失之心。聖嚴法師當時

回信勸他，並說明：「東老人對我亦是如此，此即是他老人家教育子孫的一種好方法。我的這一點成就，可說全是東老人的功德。他要我多做事，使我學會了做事的原則，而且事無論鉅細，均願親自來做，所以端不起做大法師或大和尚的架子。他要我當好自己個人的家，所以我學會了不向任何人借錢，但卻每每都在絕處逢生，未被金錢困住。我想做的事、想達到的目的，也都一一完成。」

聖嚴法師剛住進文化館時，他師父光是讓他搬房間，就已經搬了十幾趟，今天搬小房間，明天搬大房間……，直到他不再抗議，就是照搬，只是遵行，不躊躇、不抗議、不厭惡時，東初老人就讓他不再搬了。

果如法師是東初老人代聖嚴法師收的弟子，十二歲時就在文化館依止東初老人，那時是一九六三年，一開始進到宛如別墅而非佛堂的文化館時，初映眼簾是一位趴在地上穿補丁舊衣、親切和藹的老人，他還以為是門房，沒想到正是東初老和尚本人。未料出家之後，從此就開始接受那種歷代祖師那樣子的教誨，老禪師對他嚴格的生活訓練超乎想像，不但每天四點就要起床做早課，接著是打掃清理七、八百坪文化館和整片偌大庭院，尤其厲行儉約家風，絲毫都不能浪費，更重視主動發心，做得好是應該的，最多就只一句鼓勵：「小和尚，我的精神與你同在！」做不好，自然是一頓責罵，接受處罰。

夏天澆水時，東初老人不准果如法師使用水龍頭，要到菜園的另一頭去挑山泉水，因為自來水要花錢買，不可以浪費常住的錢。文化館前面的長條庭園，至少幾百坪，種滿了杜鵑，果如法師想起這段往事：「以前看《紅樓夢》小說時，看到林黛玉為葬花而哭泣，我是春天杜鵑花開滿時，就是我哭泣的時候，因為杜鵑跟一般的花不一樣，它開花時幾乎滿山都是杜鵑，但凋謝時，一場春雨它就可以整個都凋謝，它的花不是掉在地上，而是黏在枝幹上，你很難用掃帚去掃，老和尚要我爬進密密麻麻的花叢中去清理⋯⋯。」

有次果如法師賣命勞動，東初老人卻突然指著「中華佛教文化館」一行字問：「這幾個字你會不會看啊？」果如法師說：「會啊！中華佛教文化館。」東初老人反問：「什麼意思啊？」果如法師不假思索說：「就是宣揚佛教文化嘛！」不料東初老人回說：「對啊！我度你出家是要你將來做法師，不是要做長工，我們這裡不缺長工。」讓果如法師一時之間，不知如何是好。

對當時還是小沙彌的果如法師來說，面對種種無理的教導方式，真是苦不堪言，後來他明白：「現在我才知道這就是老和尚，一個真正禪師偉大的高明處，原來就在那裡，我們人生的際遇都會遇到許多不可預料的事情，不管它是合理或不合理的，你不要用自己的情緒，不要用自己的感覺去處理它，而要用智慧去面對它，當超越了原本看待這些事相的情感或窄小眼光時，你就可以跳出那些困難，用更超脫的胸襟，更寬廣的心境，或者說慈悲，去涵養自己。」

「當然，當時我不敢跟我師公衝撞，因為衝撞的話也必然是我輸，兩相抗衡，必有一傷。但老和尚就是這樣訓練你，不管你對錯與否，不管你喜歡與否，你就只是單純地面對問題，用真正的智慧去處理。你生氣沒有用，跟他抗議沒有用，心裡不高興都沒有用，因為問題還是在那裡，你唯有放下所有的一切，面對這事情，用智慧去把它處理圓滿，就沒事了。往後成長過程中，我常常遇到很多問題，包括自己的病痛，別人覺得很嚴重，我就覺得不是那麼困難了！」

東初老人對於弟子常有不合理的要求，往往一毛不拔，什麼都不給，即使是生病、學費的必要開銷也不給，他總說：「你自己要學會當家。」「隨時要能當自己的家，才能當眾生的家。」因此弟子不能說沒錢就什麼事都不能做，沒錢也要能過日子。東初老人告訴果如法師：「你現在當小沙彌已經夠幸福了！我以前那個辛苦不是你現在可以想像的。」東初老人在觀音庵時，不但寺內什麼事都必須要會做，還得出門趕經懺。

他也曾對果如法師說：「小和尚，你覺得經懺很好賺錢嗎？你要知道，太虛大師曾經說過一句話，寧可做和尚一日而死，不做人間應付僧。」應付僧就是趕經懺，東初老人又說：「今天佛教會這麼蕭條、這麼淪落，就是因為趕經懺的出家人太多了，我不希望你去趕經懺，我也不希望你去賺這個錢。」

雖然東初老人的要求很嚴厲，但是用心接受，終生都會受益。他給弟子的種種磨鍊，幾近於折磨，但是能讓弟子真正懂得要惜福、培福、吃苦。他自己則是一生不求聞達、不求人、不攀緣，志行高潔。

一個真正的禪師不是用言語來指導，而是用生命來引領，讓弟子們真正地茁壯自己，一如東初老人所言：「我不是要徒弟、徒孫來我身邊，侍候我，照顧我，或替文化館做事，而是為了報答僧寶。」

「他是為了僧寶，為了佛恩，來成就我們出家。當成就我們出家的時候，他用他的生命全部來培養另一個繼起的生命，不是呵護，父母可能是呵護到變成溺愛，而做師長的的呵護，卻是用他的生命一點一滴地來考驗你，讓你走出一個寬闊的世界。」這些對弟子看似刻薄的教導，最終卻讓果如法師看見老和尚的慈悲：「所以說，後來他老人家不管用什麼方式，折磨或是怎樣，就不當一回事，原本心裡還有很多的不滿，很多的掙扎，甚至跟他抗衡，到了後期，就覺得有什麼關係呢，你弄髒了，我就把它打掃乾淨嘛，何必再加諸任何的情緒呢！」

禪宗源起於佛陀拈花微笑，大迦葉與佛陀以心印心，成為禪宗初祖，爾後達摩祖師將禪宗帶來中國，開啟一花開五葉盛況。兩千五百年後，東初老人承襲臨濟、曹洞兩大法脈，臨濟宗創始者臨濟義玄，上承南嶽懷讓、馬祖道一、百丈懷海到黃檗希運禪法，以機鋒凌厲、棒喝峻烈的禪風聞名於世；曹洞宗自石頭希遷門下分出，創始於洞山良价、曹山本寂，後傳至宏智正覺，創默照禪，與大慧宗杲所提倡話頭禪，成為後世禪宗兩大流派。

無住、無念、無相、無為、無執、無分別，般若智慧，禪的詩歌，一再翻唱著三法印之美：「諸行無常，諸法無我，寂靜涅槃。」於是每一回春花，每一輪秋月，每一陣夏風，每一場冬雪，交織成一期一會的生命風光，東初老人的風光就在傳承佛教慧命中自淨其意了。

註釋

❶ 從「左右為難」、「進退維谷」到「左右逢源」、「進退自如」，乃方甯書與東初老人往來的心得。

2 無疾坐化

一個大修行者往往可以決定自己離開人世的時間，或者知道何時將要離開，也往往可以沒有任何疾病或痛苦，在禪定中就入滅了。一九七七年，東初老人彷彿知道這是他在人間的最後一年，他依然作息、撰稿如常，也在報章雜誌發表佛教對中國文化影響以及關於佛教改制所見，但在一月六日到十二月二十四日，長達十個多月間，他總共寄了十一封信，給他在美國的弟子聖嚴法師，其中有五封是談及繼承人和相關遺囑事宜。

二月二十七日，余近來精神日衰，……環觀國內僧才缺乏，……今後佛寺，非僅缺乏住持僧才，看門人都沒有，僧寺財產，有人（搶）要，弘法利生事業，無人問了。……佛法之衰，於今極矣！言之痛心，余今年邁，早將生死置之度外。

三月十四日，余近來心情極為沉重，佛教人才缺乏，……余今生只欠佛恩，少欠人債。……余年已屆風燭的時期，不可能期望太久。

四月二十五日，本館暫時無法處理，因此余決意先成立財團法人……。

六月五日，以文化館為基礎，……以此發展，為佛教教育文化努力一番，造就若干青年人才……。

八月十四日，余已立下遺囑，將來死後，既不開弔，又不超度，火化後，葬於臺灣海峽。世上本無我，又何必多留一個殘骨。

此外，東初也於三月二十一日（農曆二月二日），立下第二次遺囑：

余之名下之動產及不動產，概贈予中華佛教文化館所有，不屬於任何私人所有。另請諸位組設財團法人。……本館事務，以弘揚佛教文化及研究教義、教學為主。辦佛教學院。……余若死後，一不開弔，二不發訃聞，三不傳供，四不建塔，以免浪費有用金錢。火化後，骨灰沉於大海，普結眾生緣。

十月二日，立下第三次遺囑，也是最後的一封遺囑：

本人名下動產及不動產，概捐獻中華佛教文化館所有，不屬任何私人所有。……組織財團法人，共同維護之。……繼承人選，……以能發揚文教事業為主要條件，……在此以前，本人所遺囑文獻，應以此為準則，其餘留作參考之用。

合計幾次遺囑及日記、信函等，東初老人皆一再重申：「其財產不得歸任何私人所有，應將之用於佛教教育、文化、社會慈善事業。」

事後許多人回想起來，都覺得東初老人對自己生死大事，已有預兆。比如上半年某日，東初老人和慧嚴法師閒談完後，臨上樓時，忽然感嘆說：「今年年底將有大事！」

而東初老人預立遺囑的事，在家弟子方甯書居士亦知情：「我是一個俗人，一個平凡人，當然我很重視感情，心裡萬般不捨，但是，真碰上這種問題的時候，我感覺好像是他要出遠門一樣的。……老法師生前寫遺囑的時候，我跟他講，名單上的人數要單數，五個、七個、九個，要單數的，不能夠是複數的。但他只寫了六個名字，就拿到樓上去了。從樓上下來時，他跟我說：『這一次我不聽你的。』……那是民國六十六年十月二日傍晚的事。前兩封遺書，因為老和尚當時保險櫃鎖壞了，打不開了，所以也無法事先銷毀。不過，他最後一封遺囑有特別寫到，就是前面的只留做參考用。」

最特別的是，這年也是東初老人的七十歲大壽，且是圓寂前一個月，而這最後一次生日，他卻低調地邀約方甯書居士到花蓮避壽。回想這段往事，方甯書無限感觸：「民國六十六年十月三十日，老法師打電話給我，要我陪他到花蓮，說飛機票已經買好了，特別交代我帶照相機，我那台相機還是臨時向王宗漢教授借的，到現在王教授還提到這件事情，就是因為我和東老合照的相片，他說是用他的照相機照的，那架相機很有歷史價值。」

花蓮之行其實為期只有兩天，十月三十一日出發，十一月一日即回返。在出門之前，鑑心法師就跟專程陪東老到花蓮的方甯書居士交代，無論如何第二天一定要請師父回到文化館。方居士問他為什麼？鑑心法師回說，因為那天是老法師七十歲的生日。這才明白，原來東老是要他陪去花蓮避壽。

兩人先到花蓮的佛教蓮社，住持方丈一聽東老蘇北口音，就說兩人應該是同鄉。一到佛教蓮社，東初立刻以方居士名義供養二千塊。其實他知道方居士身上沒帶很多錢，但仍以他的名義捐獻。方居士後來向方丈表明：「這其實是我師父放在我這裡的錢。」

午齋過後，東老還取來供佛用的銅杯，裡頭裝了滿滿的飯，將整杯飯就倒到方居士碗裡，讓他有點驚訝，後來方丈告訴方居士：「這是為你添智慧的，你應該感謝你師父才是。」

接著他們搭車到天祥太魯閣，在長春橋附近的禪光寺稍事休憩。禪光寺前有一條很深的縱谷，上有一座吊橋，做為往來，兩邊距離不遠。東老說，他喜歡聽空谷中的鐘聲，要方居士走過吊橋，到對面山上掛著的大鐘，為他敲一敲鐘，於是方居士就走過吊橋敲了敲鐘。回來後，東老要他再去一次：「你敲鐘的聲音再大一點嘛！」方居士又走過吊橋再去敲一次，再回來時，看見東老正專注地看著自己穿行吊橋。

後來東老說，民國四十五年前後，他跟煮雲、星雲多位法師為了宣導大藏經，曾經來過這裡，「你不知道這底下是懸崖峭壁，吊橋搖搖晃晃很危險啊？」當時他不敢走吊橋，用爬的爬過去。所以，這次東老看方居士大搖大擺走過來、走過去，覺得很神奇。

東老這番真人真語，令方居士十分折服：「當時我就想，東老那麼率真，這就證明了老法師是個禪者，禪師的風範，直來直去，坦坦蕩蕩，毫不掩飾，不是像有些政客，自己認為自己好像很偉大的樣子，他那是什麼就是什麼，說什麼就說什麼。他常常也告訴我：『是什麼就是什麼，做什麼就做什麼。』」

黃昏時，東老要方居士待在禪光寺附近走走看看，他自己一人坐計程車到

花蓮慈濟探望證嚴法師，因為知道證嚴法師和幾個比丘尼很辛苦地開創道場，他特地去鼓勵鼓勵他們，也順便捐獻了一些錢。

回到禪光寺天色已晚，東老還是決定下山，但已經沒有車班了，長春橋有個管理人員辦公室，夜晚天涼，方居士請東老在辦公室休息，準備到外面攔車，但他不肯，要方居士待在裡面，他在外面攔車，他的理由是：「開貨車的人，看到我一個老和尚，一定會停車送我下山的。」果不其然，後來兩人坐了一輛載運送木頭的卡車，回到了花蓮市。

方居士回憶說：「東老修行功深，自然人情練達，世事洞明。這是他圓寂前一個月發生的事，十二月十五日東老就圓寂了，十一月一日我同他從花蓮一起回來，他出去玩，身體還好好的。自從東老人圓寂後，我經常懷念他老人家，也很想多多在他身邊，幫他做一些他想要做的事情。」

一切如常，即使在生命的最後一天依然如常，十一月初從花蓮回來，他還與曉雲法師談及輿論中的佛教改制問題。就近期報章雜誌接連討論「僧種斷滅」問題，所衍生「僧尼婚嫁」問題，引起社會各方注意。主張僧尼可結婚者，認為近來出家青年日漸減少，必將影響佛教繼承人才及佛教慧命延續。為此，東初老人引經據典，撰述〈佛教慧命及其實踐精神〉一文，以正視聽；並揭示佛教慧命的傳續，在於佛法的體悟，與僧尼多寡無關。可惜未及終篇，老人已於十二月十五日無疾坐化，世壽七十。臨終前，留偈一首：

余今年七十，無勢亦無能；有家歸不得，天涯託孤蹤！

十二月十五日（農曆十一月五日），圓寂那天早上，方甯書居士來陪東初老人用完早齋後，要去臺北辦事，東老特別送他，臨行方甯書居士忽然問他：「都交代了？」

東老回答：「都交代了。」

方居士又問：「那女眾呢？」

東老亦答：「女眾，有交代，都有交代。」兩人便告別，這是方甯書居士見老人的最後一面，老人一樣站在門口，目送離去。

下午四點多，東老順口問一下侍者：「今晚要給我吃什麼呀？」

侍者答說：「師公啊！我炒一些萵苣炒飯給你吃好不好？」

東老隨應說：「飯碗差不多六分至七分滿就好。」然後，說他要出去到處走走，回來後，再端去給他吃。

侍者又問：「師公啊！你要去哪裡？」

他回說：「要去度眾生。」便走去地熱谷那裡到處走走看看，和那一帶做生意的商家打打招呼，大夥都和東老很熟悉，回程還一起送他走出地熱谷。

晚餐後，東老對煮飯的住眾吩咐說：「明天不要煮早飯了。」同時要侍者拿新做的內衫褲給他換洗，平常若不出門，他是穿舊的內衫褲。

晚間，六時三十分，東老沐浴後，步履安閒地上二樓臥室；六點三十五分，與王海濤居士通過電話；六點四十五分，皈依弟子王小芳居士來訪，準備向東初老人請益，鑑心法師上樓去請，卻發現平時墊腳的小椅子滑落一邊，他老人家已端坐在沙發上安詳過世了，文化館眾人一片驚訝。

東初老人圓寂的消息，鑑心法師馬上通知善導寺，再由善導寺那邊直接通知在美國的聖嚴法師，正好聖嚴法師那時也想打電話回來臺灣，恰巧接到這通電話，立即趕往機場回臺奔喪。許多佛教界人士亦陸續趕來，未免紛亂，方甯書居士趕緊為文化館書寫「封條」，當晚即貼上封條，然後蓋章，等著隔天聖嚴法師回來處理，避免外人隨意進出，破壞道場莊嚴，除了瞻仰遺容的地點，其他的通通封起來。人在石牌的聖開法師亦在凌晨趕回，同時正好外出的果如法師，也趕緊返回，眾人就等著聖嚴法師回來。「一切等聖嚴法師回來了以後，所有的才正式開放，正式開辦。」方甯書居士如此說。

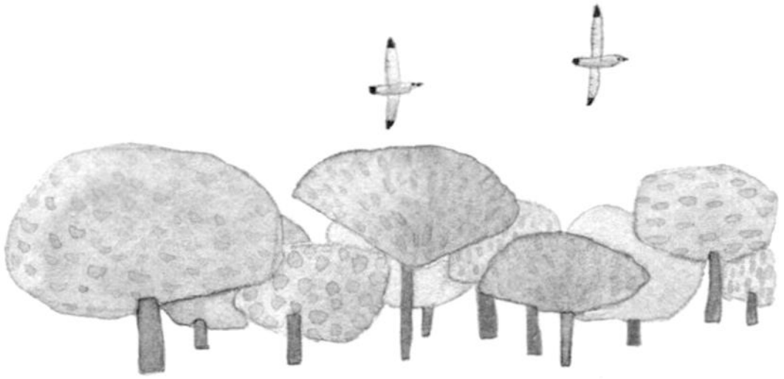

3 法鼓傳薪

一九七七年十二月十四日，聖嚴法師在美國大覺寺清晨靜坐時，忽然某個靈感，想起師父東初老人的曹洞宗焦山法脈系統，應要整理，他遂從東初老人開始溯源而上，發現幾代祖名殘缺，便信手拈來寫封信請教老人，後來這封信在聖嚴法師趕回臺灣奔喪三天後，被自己收到。

當接到善導寺方丈雲霞法師來電通報東初老人捨報消息時，一時之間，他驚愕得無法言語，這才發覺，師父坐化的那一刻，應是自己清晨坐禪的那一刻，他立刻整裝搭機回臺，料理師父的後事。東初老人圓寂前留下三封遺囑，聖嚴法師回來後，領眾開始尋找遺囑，一開始，最後一封遺囑沒找到，第二天才找到師父的第三封遺囑，表明「應以此為準則」，前兩封做為參考。

遺囑註明聖嚴法師為繼承人，但東初老人名下動產及不動產，皆文化館所有，並延聘張少齊、方甯書、煮雲法師、鑑心、慧嚴、悟因等，組織財團法人共同維護。這最後一份遺囑其實是將文化館與農禪寺的弘法大業交棒給聖嚴法師繼承，面對這個重任，讓聖嚴法師在師父走了一百天後，頭髮白了一半：「接連發現第二封、第三封遺囑，我好像一下子就老了十歲，突然被一副重逾千斤的擔子壓住了！」

奇妙的是，東初老人不僅離世時面容祥和，如睡著一般，圓寂七日後，仍膚色紅潤，栩栩如生。東老的治喪委員會，由妙然法師推舉樂觀長老擔任主任委員，成一法師任總幹事，十二月二十一日並假善導寺舉行讚頌法會，樂觀、道源、南亭老法師上供主持，其餘諸山長老、法師亦紛紛從海內外各地前來送別，是日，東初老和尚荼毘，得舍利百數十顆。

在東初捨報後，協助其後事，並仗義支持聖嚴法師的樂觀長老，對於老友東初的辭世如此感言：「我回國十多年來，與東老時常見面，知道他攝生有方，從來不生大病，想不到他說走就走了！他在去世那天，同平常一樣，毫無異狀，沐浴後，就這樣灑灑脫脫，合上兩眼坐化去了！真是坐脫立亡，像似入定形狀。他逝世初七之日，我為他封龕，看他的遺容，相貌如生，面帶微笑，如睡熟一般，他死的是那麼平靜，那麼從容，那麼安詳，那麼自在，真是令人可愛！令人可敬！也令人羨慕！若非平日有嚴密修持，了悟人生，焉能有此光景？人死之時，如龜脫殼，六神無主，八苦交煎，他能心不顛倒，無有恐怖，意不散亂，而無罣礙，此乃是在佛法中得大受用之明證。這最後一著，大不平凡！宗門下有個話頭：醒時有把握，不算把握，睡覺有把握才算是把握，睡覺有把握，不算把握，臨命終時有把握才算是把握。東老他這樣安然捨報，見者聞者，無不稱讚，歎未曾有！」

身肩重任的聖嚴法師，感受師父東初老人的器重與恩重如山，以及仍然表現於恩威兼重，而尤重於採用逆境的磨鍊，他全力以赴安頓東初老人的祖庭遺業，在一九七八年四月二十九日回美之前，順利組成文化館的財團法人，並完成法定程序；鑑心和錠心均被請為文化館的監院；東初老人的子孫亦都請為財團法人成員；與美國佛教會合作，在沈家楨居士支持下，於農禪寺辦譯經院；

積極復刊《佛教文化》季刊；集印《東公老和尚永懷集》；籌備編印《東初老人全集》；為文化館組成兩大護法團體，由徐度誠居士領導的慈善會和郭正順居士領導的消災會，會員人數皆超過數百位。

東初老人在美國曾對聖嚴法師說：「我留下的一點，做為你發展弘化事業的酵頭，總是夠了的。」

東初老人進一步說：「管理寺院就像釀酒，我給你的是發酵的酵母粉。所以，不要認為小小的文化館對你來說太小了。如果你做得好，成功地開始釀製好酒，以後就有能力長期製酒了。」東初老人總有一番獨到的見解。

但這文化館酵母對聖嚴來說，雖不需墾山建寺，但發展也是一條艱難的路；此外，農禪寺本身很小，只有少數信眾，連生活雜支都成問題。但靠著他師父傳授給他蜜蜂採蜜的本領，聖嚴法師開始在農禪寺以美國教學發展的模式，開設大專青年禪坐班，並指導禪修，接著擴充寺院，增建房舍，同時遵從東初老人提昇佛教教育理念，立志建立青年佛教學院。一九七八年，聖嚴法師接受文化大學哲學研究所教授和佛學研究所所長的職務，後來也在東吳大學、輔仁大學任教，這些教職背景使他立足教育界，爾後得以完成東初老人最大的心願。一九八五年，於北投中華佛教文化館創辦中華佛學研究所，同時也重建文化館為五層樓建築。

當總算把東初老人遺留的諸多事務推上軌道後，聖嚴法師再度飛回美國紐約，並以恩師之名，創立東初禪寺，繼續傳授代表臨濟宗的話頭禪和代表曹洞宗的默照禪，後來紐約市區的東初禪寺（又名禪中心）已不敷使用，一九九七年，於紐約上州象岡山脈南麓的山坡上，另成立象岡道場。象岡道場建設完成後，聖嚴法師的心力就轉向臺灣法鼓山的建設。

一九八九年三月底，為因應臺北市政府都市開發計畫，農禪寺可能被徵收，必須尋找一塊土地，供為建設長久性、安定性和未來性的道場，一千多位信眾在三月二十五日晚上，來到農禪寺一起參加念佛會，是歷來人數最多的一次，信眾們跪滿大殿，每一個人都虔誠合掌，誦念〈大悲咒〉，祈求觀世音菩薩大慈大悲加被，早日覓得風水寶地，全場齊心持誦的凝聚氣氛，令無數參與者感動到眼眶濕潤。

過兩天，果然傳來好消息，金山一塊山明水秀土地，也在二十六日透過誦持〈大悲咒〉，尋找有緣人，觀世音菩薩為這兩者串起不可思議的因緣。於是以「提昇人的品質，建設人間淨土」為理念的法鼓山，歷經十多年艱辛開發過程，第一期工程於二〇〇一年正式落成啟用，並將中華佛學研究所及僧伽大學陸續遷入。

在聖嚴法師的努力經營下，法鼓山已成為臺灣重要的佛教團體之一，與佛光山、慈濟等佛教團體，共同發揚光大太虛大師「人生佛教」在臺灣實踐的理想，而這也是東初那一年揹著「中國佛教會」招牌來臺所預設好的一切吧！如果他還在世上，應該會對現在臺灣佛教的影響力，對他的弟子和學生感到驕傲吧！

東初老人圓寂後的一九九三年秋天，在一次中華佛學研究所的董事會議上，悟明、成一、今能三位長老，都親臨出席，會後，悟明長老笑容滿面地說：「我真羨慕東老！像聖嚴法師這樣好的徒弟，一個就夠了。」

東初老人一直希望聖嚴法師不只做一個普通的法師或宗教學者，而是要做個宗教家。果然，他的弟子聖嚴法師不但做了臺灣的宗教家，更是走上國際的宗教家，不僅在臺灣，在美國都有規模宏大的道場，他本人更受邀在聯合國演講，文稿被列為宗教宣傳教材。

以學識，以格局，以膽識，東初老人在他那個時代，敢為人所不敢為，敢言人所不敢言，從一個焦山大方丈，卻甘於淡泊名利，默默為臺灣佛教文化沙漠，以先驅者的眼光和精神，不停止地耕耘，散播佛種；而做為一個國際宗教家背後的推手，做為一個中國禪宗的傳承者，東初的教育和訓練，在那個年代，更是無出其右，一如他的子孫所說，他用他的全部生命在成就、在培養佛教的僧寶，這亦是東初老人對他們的一種期許。

清曉初升的光，從東方而起，遍照大地，因為這個光，讓人生起了對生命的美好希望；黎明的光，照亮了黑夜的黑暗，也讓人懷著一種奮進的精神，鼓舞著自己，繼續向前。而這一幕，正是東初老人一生最佳的寫照。

東初老人大事年表

- 一九〇七年，生於江蘇省泰縣曲塘鎮，俗姓范。
- 一九二〇年，依江蘇省姜堰區蔣垛鎮觀音庵靜禪老和尚披剃，法名仁曙，字東初。
- 一九二八年，赴鎮江竹林佛學院求學。
- 一九三〇年，入廈門太虛大師創辦的閩南佛學院就讀。
- 一九三五年，受焦山定慧寺曹洞宗智光老和尚付法，任監院，法名鐙朗。
- 一九四六年，擔任定慧寺方丈，兼任焦山佛學院院長，發行《中流》月刊。
- 一九四九年一月，攜「中國佛教會」招牌來臺。五月，創辦《人生》雜誌。九月，於臺北善導寺籌組「中國佛教會駐臺辦事處」。

●一九五五年，於北投興建「中華佛教文化館」，組織「印藏委員會」，發起影印《大藏經》。
●一九五六年，於中華佛教文化館開始舉辦冬令救濟。
●一九六〇年一月，為聖嚴法師剃度，由法師接掌《人生》雜誌主編。八月，《大藏經》影印出版。
●一九六五年，創辦《佛教文化》季刊，成立「《民國高僧傳》編纂委員會」。
●一九六八年，著作《中印佛教交通史》出版。
●一九七〇年，著作《中日佛教交通史》出版。
●一九七四年，著作《中國佛教近代史》出版。
●一九七五年，於臺北北投創建「農禪寺」。
●一九七七年，創設「佛教文化獎學金」。十二月十五日示寂，世壽七十歲。
●一九八七年，《東初老人全集》完成編纂出版，全套七冊。

琉璃文學 31

東方初白——東初老人傳

Brightness at Dawn:
The Biography of Master Dong Chu

著者	鄭栗兒
繪者	蘇力卡
出版	法鼓文化
總監	釋果賢
總編輯	陳重光
編輯	張晴
美術設計	張珮萁
地址	臺北市北投區公館路186號5樓
電話	(02)2893-4646
傳真	(02)2896-0731
網址	http://www.ddc.com.tw
E-mail	market@ddc.com.tw
讀者服務專線	(02)2896-1600
初版一刷	2016年7月
建議售價	新臺幣320元
郵撥帳號	50013371
戶名	財團法人法鼓山文教基金會—法鼓文化
北美經銷處	紐約東初禪寺 Chan Meditation Center (New York, USA) Tel: (718)592-6593 Fax: (718)592-0717

法鼓文化

國家圖書館出版品預行編目資料

東方初白：東初老人傳 / 鄭栗兒著. -- 初版.
-- 臺北市：法鼓文化, 2016.07
面； 公分
ISBN 978-957-598-716-9(平裝)

1.佛教傳記

229.63 105009399